朱德义　主编

房地产项目策划
调研·定位·方案

化学工业出版社
·北京·

《房地产项目策划——调研·定位·方案》以房地产项目策划为主线，分为三部分：

● **房地产项目策划调研**（包括市场宏观环境调查、房地产市场调查、购房者行为调查、竞争对手调查、地块基本状况调查）。

● **房地产项目策划定位**（包括开发项目选择、开发项目确定、开发项目可行性研究、开发项目市场定位）。

● **房地产项目策划分类**（包括住宅小区项目策划、写字楼项目策划、购物中心项目策划、商业街项目策划、主题公园项目策划、专业市场项目策划、旅游酒店项目策划、度假村项目策划、物流园项目策划、科技园项目策划、工业园项目策划）。

《房地产项目策划——调研·定位·方案》实用性强，着重突出可操作性，书中附有大量的范本，可帮助房地产项目策划过程中的相关人员提升工作能力，使之为企业的项目管理创造价值且发挥更大的作用。

图书在版编目（CIP）数据

房地产项目策划——调研·定位·方案/朱德义主编．—北京：化学工业出版社，2018.3（2022.8重印）
ISBN 978-7-122-31280-8

Ⅰ.①房… Ⅱ.①朱… Ⅲ.①房地产-策划 Ⅳ.①F293.35

中国版本图书馆CIP数据核字（2017）第330463号

责任编辑：陈　蕾　　　　　　　　　　装帧设计：尹琳琳
责任校对：宋　夏

出版发行：化学工业出版社（北京市东城区青年湖南街13号　邮政编码100011）
印　　装：北京虎彩文化传播有限公司
710mm×1000mm　1/16　印张13　字数227千字　2022年8月北京第1版第6次印刷

购书咨询：010-64518888　　　　　　　　售后服务：010-64518899
网　　址：http://www.cip.com.cn
凡购买本书，如有缺损质量问题，本社销售中心负责调换。

定　价：58.00元　　　　　　　　　　　　　　版权所有　违者必究

前 言

房地产策划是基于市场情况，为房地产项目从项目定位、产品设计到营销定位、推广、销售等一系列工作提供合理化建议和策略，以及根据市场、产品和销售要求，根据项目不同阶段、不同情况提供不同的执行解决方案，是一项综合性很强的工作。

从广义上来说，房地产策划主要包括：项目的前期定位策划（即房地产开发项目的可行性研究，包括市场调研、项目定位、项目的经济效益分析等）、项目的推广整合策划（包括项目的VI设计，项目推广期、促销期、强销期、收盘期投放多种媒体的广告方案设计和各种促销活动的策划方案等）、项目的销售招商策划（包括售楼人员培训、销售手册的编制、分阶段销售价格的确定等，项目的商业部分还要进行业态定位策划和招商策划）等。

房地产策划自始至终贯穿于房地产开发项目建设过程中，为项目成功开发保驾护航。房地产开发项目建设要完成一个项目周期，需要经过市场调研、项目选址、投资研究、规划设计、建筑施工、营销推广、物业服务等一系列过程，这些过程中的某一环节出现问题，都会影响到项目的开发进程，甚至使项目不能进行下去。因此，房地产策划必须参与项目的每个环节，通过概念设计及各种策划手段，使开发的商品房适销对路，占领市场。房地产策划能为房地产开发商提供决策依据，避免项目运作出现偏差；能使房地产开发项目增强竞争能力，赢得主动地位；能增强房地产开发商的管理创新能力；能有效地整合房地产项目资源，使之形成优势。

如今我国房地产产业已从卖方市场转变为买方市场，怎样才能做好房地产项目策划的调研和定位工作？怎样根据市场、产品以及销售要求和项目不同阶段、不同情况提供不同的解决方案呢？

《房地产项目策划——调研·定位·方案》一书针对房地产项目的策划环节而编写，旨在为房地产开发商和房地产营销人员提供一种思路和借鉴。本书适合房地产公司董事长、总经理、营销负责人（营销副总、营销总监、销售经理、策划经理、销售主管)、作为管理储备力量的优秀营销人员，以及房地产营销策划代理公司总经理、营销总监、销售经理、策划经理阅读参考。

本书由朱德义主编，在编辑整理过程中，获得了许多房地产策划机构、房地产一线从业人员和朋友的帮助与支持，其中参与编写和提供资料的有王玲、陈世群、李超明、李景吉、李景安、匡五寿、吴日荣、张燕、张杰、张众宽、张立冬、郭华伟、郭梅、秦广、黄河、董超、姚根兴、靳玉良、鲁海波、鞠晴江、杨婧、何志阳、郝晓冬、张嘉卿，最后全书由匡仲潇统稿、审核完成。在此对他们一并表示感谢！

由于时间和水平所限，书中难免有疏漏和不妥之处，恳请专家和读者指正。

编者

目 录

第一部分　房地产项目策划调研

房地产市场调研，就是以房地产为特定的商品对象，对相关的市场信息进行系统的收集、整理、记录和分析，进而对房地产市场进行研究与预测，为项目的成功运作提供参考依据，打下坚实的基础。一个成功的项目，绝对不能脱离市场调研，正所谓"知己知彼，百战不殆"。

第一章　市场宏观环境调查 ······ 2
　　一、政治环境调查分析 ······ 2
　　二、经济环境调查分析 ······ 4
　　三、文化环境调查分析 ······ 6
　　　　范例：消费者背景资料 ······ 7

第二章　房地产市场调查 ······ 9
　　一、房地产市场需求容量 ······ 9
　　二、现有楼盘分析 ······ 10
　　　　范例：住宅楼盘户型调研 ······ 11
　　　　范例：在售楼盘降价促销情况分析表 ······ 12
　　三、市场土地出让分析 ······ 12
　　　　范例：××市2017年第一季度土地出让分析 ······ 13
　　四、房地产价格走势的分析 ······ 15
　　　　范例：房地产价格统计调查方案 ······ 16

五、房地产物业类型分析 ………………………………………… 18
　　六、开发商销售情况分析 ………………………………………… 18
　　七、三级市场交易情况分析 ……………………………………… 19
　　　　范例：三级市场交易情况分析表 …………………………… 19
　　八、区域房地产政策法规 ………………………………………… 20

第三章　购房者行为调查 ……………………………………… 21
　　一、购房者购买行为分析 ………………………………………… 21
　　二、购房者购买动机分析 ………………………………………… 23
　　　　范例：购房者购买动机分析表 ……………………………… 24
　　三、购房者产品需求分析 ………………………………………… 25
　　　　范例：××市的购房者需求调查问卷 ……………………… 26

第四章　竞争对手调查 ………………………………………… 28
　　一、竞争对手调查项目 …………………………………………… 28
　　二、竞争对手类型 ………………………………………………… 28
　　三、竞争对手产品开发分析 ……………………………………… 29
　　四、竞争对手营销水平分析 ……………………………………… 30
　　五、竞争楼盘分析报告 …………………………………………… 30
　　　　范例：××项目竞争对手楼盘分析报告 …………………… 30

第五章　地块基本状况调查 …………………………………… 34
　　一、地块基本状况SWOT分析 …………………………………… 34
　　二、地块基础设施分析 …………………………………………… 35
　　三、地块生活配套分析 …………………………………………… 36
　　四、地块调查分析报告 …………………………………………… 37
　　　　范例：××新区项目地块分析报告 ………………………… 37

第二部分 房地产项目策划定位

拿到一块地,首先的问题就是确定开发项目,而这必须建立在了解消费需求的前提下,抓住市场空白点,准确进行定位。定位能够创造差异,使开发的地产项目适销对路;定位能更好地发掘项目自身个性与特色,使开发的项目更有竞争力。一句话,精准的定位是项目开发成功的保证。

第六章 开发项目选择 ········· 41
    一、开发城市选择 ········· 41
    二、开发地段选择 ········· 42
    三、开发管理模式选择 ········· 43
    四、开发项目产品模式选择 ········· 45

第七章 开发项目确定 ········· 47
    一、土地信息收集 ········· 47
    二、土地信息甄别 ········· 48
    三、发展项目确定 ········· 48

第八章 开发项目可行性研究 ········· 50
    一、可行性研究的步骤 ········· 50
    二、可行性研究的内容 ········· 51
    三、可行性研究的重点 ········· 54
    四、可行性研究报告 ········· 56
    范例:××楼盘项目可行性研究报告 ········· 57

第九章 开发项目市场定位 ········· 61
    一、房地产市场细分 ········· 61
    二、目标市场的选择 ········· 64
    三、市场定位 ········· 69
    范例:××房地产企业开发项目市场定位分析报告 ········· 72

第三部分　房地产项目分类策划方案

房地产项目策划是一项基于市场情况，为房地产项目从项目定位、产品设计到营销定位、推广、销售等一系列工作提供合理化建议和策略以及具体执行，根据市场、产品以及销售要求，根据项目不同阶段、不同情况提供不同的解决方案，是一项综合性很强的工作。

第十章　住宅小区项目策划 ……………………………………… 77

　　一、住宅小区的特点 …………………………………………… 77
　　二、住宅小区容积率配置 ……………………………………… 77
　　三、住宅小区公共设施的配置 ………………………………… 79
　　四、住宅小区楼层用途的规划 ………………………………… 80
　　五、住宅小区的功能定位 ……………………………………… 81
　　　　范例：××住宅产品设计方案 …………………………… 82

第十一章　写字楼项目策划 …………………………………… 86

　　一、写字楼的特点 ……………………………………………… 86
　　二、写字楼的市场定位 ………………………………………… 87
　　三、写字楼的档次定位 ………………………………………… 89
　　四、写字楼的开发策略 ………………………………………… 91
　　　　范例：××综合智能化甲级写字楼策划方案 …………… 92

第十二章　购物中心项目策划 ………………………………… 95

　　一、购物中心的特点 …………………………………………… 95
　　二、购物中心的选址规划 ……………………………………… 96
　　三、购物中心的业态选择 ……………………………………… 100
　　四、购物中心的业态组合 ……………………………………… 102
　　五、购物中心的业态定位 ……………………………………… 103
　　六、购物中心经营方式定位 …………………………………… 104
　　　　范例：××购物中心项目总体策划方案 ………………… 105

第十三章　商业街项目策划 …………………………… 108

　　一、商业街的特点 …………………………………… 108
　　二、商业街市场研究 ………………………………… 109
　　三、商业街的规划设计 ……………………………… 112
　　四、商业街的开发策略 ……………………………… 114
　　五、商业街的文化营造 ……………………………… 115
　　　　范例：××商业步行街策划方案 ………………… 117

第十四章　主题公园项目策划 …………………………… 120

　　一、主题公园的特点 ………………………………… 120
　　二、主题选择与定位 ………………………………… 121
　　三、主题公园区位选择 ……………………………… 122
　　四、主题创意设计 …………………………………… 124
　　五、主题公园的开发模式 …………………………… 125
　　六、主题公园的规划设计 …………………………… 126
　　七、主题公园的营销策略 …………………………… 127
　　　　范例：××游乐园策划方案 ……………………… 128

第十五章　专业市场项目策划 …………………………… 132

　　一、专业市场的特点 ………………………………… 132
　　二、专业市场的开发要素 …………………………… 133
　　三、专业市场规划的要点 …………………………… 134
　　四、专业市场的有效定位 …………………………… 135
　　五、专业市场商业模式定位 ………………………… 136
　　六、专业市场的运营策略 …………………………… 140
　　　　范例：××品牌服装批发市场策划方案 ………… 142

第十六章　旅游酒店项目策划 …………………………… 145

　　一、旅游酒店的功能和特点 ………………………… 145
　　二、旅游酒店的开发策略 …………………………… 146
　　三、旅游酒店的开发管理 …………………………… 147

四、旅游酒店的规划设计·················149
　　　　范例：××大酒店项目策划方案·············152

第十七章　度假村项目策划·················155
　　一、度假村的功能和结构·················155
　　二、度假村开发设计原则·················156
　　三、度假村主题化风格·················157
　　四、度假村选址因素···················158
　　五、度假村的建设原则·················160
　　六、度假村的定位····················161
　　　　范例：××生态旅游度假村规划方案···········163

第十八章　物流园项目策划·················169
　　一、物流园的分类····················169
　　二、物流园的特点····················169
　　三、物流园选址布局··················170
　　四、物流园功能结构设计·················174
　　　　范例：××农产品现代物流园项目定位与整体规划方案···176

第十九章　科技园项目策划·················179
　　一、科技园的基本特征·················179
　　二、科技园区的选址··················181
　　三、科技园功能结构规划················183
　　　　范例：××农场科技园建设发展规划方案·········185

第二十章　工业园项目策划·················189
　　一、工业园的类型特征·················189
　　二、工业园的开发模式·················191
　　三、工业园的规划原则·················192
　　四、工业园区的选址··················193
　　　　范例：××工业园规划方案··············194

第一部分
房地产项目策划调研

房地产市场调研,就是以房地产为特定的商品对象,对相关的市场信息进行系统的收集、整理、记录和分析,进而对房地产市场进行研究与预测,为项目的成功运作提供参考依据,打下坚实的基础。一个成功的项目,绝对不能脱离市场调研,正所谓"知己知彼,百战不殆"。

第一章　市场宏观环境调查

阅读提示：
房地产行业的发展与整体国民经济的发展息息相关，国家宏观环境的改变极大地影响着房地产行业的发展。

关键词：
政治环境
经济环境
文化环境

一、政治环境调查分析

1. 政治环境调查的意义

政治环境是指拟投资地区的政治制度、政局稳定性、社会安定性、信誉度、政策连续性以及是否存在战争风险等因素的综合反映。

众所周知，房地产开发需要涉及的环节、接触的层面是一般产业投资所无法相比的。政治环境的变化，土地、房产、物业等法律法规的变化，都将对项目开发产生影响，甚至是翻天覆地的影响。

房地产开发企业进行地域性很强的房地产开发投资，首先要考虑当地的政局是否稳定、社会是否安定、地区信誉高低、地区房地产政策等直接关系到投资有无保障的问题。

> **策划利剑**
>
> 只有政治稳定、社会安定、讲求效益、致力于和平建设的地区，才能确保投资的安全，并为经营获利创造必要的条件。

2. 政治环境调查的内容

房地产企业的政治环境包括政府的思想观念、企业所在地各级政府机构的办事效率、国家在房地产行业方面的政策法规等。房地产企业市场调研人员在对企业所处的政治环境进行分析时，主要分析的内容如图1-1所示。

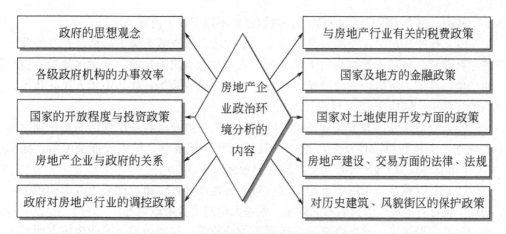

图1-1 房地产企业政治环境分析的内容

3.政治环境调查的方法

房地产企业市场调研人员在对企业政治环境进行分析时,可以运用"政策法规索引表",使工作更有条理、更有效率,具体内容见表1-1。

表1-1 政策法规索引表

索引期限:＿＿年＿＿月至＿＿年＿＿月　　　　制表日期:＿＿年＿＿月＿＿日

标题	文件号	政策类别	编号（页码）	条文概述

在表1-1中,"政策类别"是指政府基于政策法规对房地产项目在开发与流通方面的分类,可以分为图1-2所示的四大类。

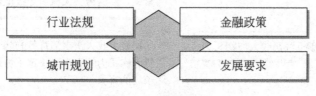

图1-2 政策的类别

其中，每个类别所涉及的具体法规包括但不限于以下内容。

（1）行业法规。行业法规是指国家、省政府、地方城市关于房地产开发经营的方针政策，包括土地制度与土地政策、人口政策、房改政策、开发区政策、房地产价格政策、房地产税收政策、房地产企业金融政策等，如《中华人民共和国土地管理法》《房地产开发经营管理条例》。

（2）城市规划。城市规划是指政府在项目所在地及项目地块周边的短中期市政规划、土地利用总体规划、城市建设规划和区域规划、城市发展战略等，如《××市总体规划》《××市历史风貌保护规划》等。

（3）金融政策。金融政策是指政府对于房地产开发、市政规划等方面的政策法规，银行对房地产借贷的相关政策、税率及信息等金融政策等。

（4）发展要求。发展要求是指政府在土地政策、税收政策、产业政策方面对绿色低碳建筑进行的改革和倾斜，包括以减碳指标来进行金融和土地等资源配置，设置不同的税费征收标准，改进以往只是"价高者得"的挂牌出让方式，以平抑地价和房价。

二、经济环境调查分析

1.经济环境对房地产项目开发的作用

城市经济环境中的各项因素对房地产项目开发的作用主要体现在四个方面，具体如图1-3所示。

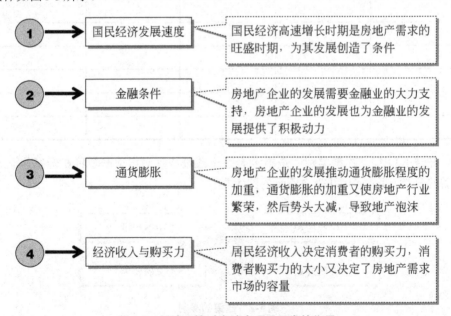

图1-3 经济环境对房地产项目开发的作用

2.经济环境调查分析的内容

鉴于上述经济环境对房地产项目开发的作用,因此,房地产企业在项目开发前期,应对经济环境进行分析,具体内容如表1-2所示。

表1-2 经济环境分析项目的内容

序号	类别	具体内容
1	房地产行业结构	(1) 国家整体经济结构 (2) 房地产行业消费结构 (3) 房地产行业供需结构 (4) 房地产行业投资结构
2	市场经济环境	(1) 居民消费模式与消费心理 (2) 居民储蓄习惯与信贷情况 (3) 通货膨胀率 (4) 证券市场行情 (5) 房地产行业的市场规模
3	城市经济发展规划	(1) 城市发展总体规划 (2) 城市基础设施建设 (3) 城市人口分布 (4) 城市经济区域划分
4	政府经济政策	(1) 固定资产投资政策 (2) 存贷款利率与汇率政策 (3) 税费政策 (4) 对外贸易政策
5	国家经济发展水平	(1) 国民生产总值及增长率 (2) 政府预算赤字 (3) 劳动生产率水平 (4) 居民消费水平 (5) 贫富差距水平 (6) 人均收入水平
6	其他经济环境因素	(1) 商业零售与贸易状况 (2) 城市能源和资源状况

3.经济环境调查分析的方法

房地产企业市场调研人员在对企业经济环境进行分析时,可以使用"经济环境调查事项表"来帮助自己,使自己的工作更有条理,更有效率。具体内容见表1-3。

表1-3 经济环境调查事项表

项目\数量	全省			项目所在地		
	指标	数量	与上年同比增长	指标	数量	与上年同比增长
国内生产总值（GDP）						
房地产开发占GDP的比重						
房地产投资占全国投资总额的比重						
社会消费品零售总额						
商品零售价格指数						
居民消费价格指数						
商品住宅价格指数						
消费者投资信心指数						

三、文化环境调查分析

社会文化往往对房地产行业有着深刻的影响，尤其对房地产项目的定位有着更直接的影响。

1.文化环境分析的项目

房地产企业对文化环境分析的项目，具体如图1-4所示。

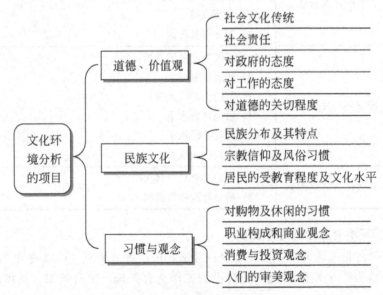

图1-4 文化环境分析的项目

2.文化环境调查的方式

房地产企业市场调研人员在对企业的潜在客户进行市场调研时可以运用"问卷调查"的方式,在问卷中,一般要设置一些有关消费者背景资料调查的问题,这些问题的调查结果就会成为房地产开发项目所在区域的文化环境分析的资料来源。

下面提供一份有关消费者背景资料的问卷调查范例,仅供参考。

范例

消费者背景资料

1. 性别
   □男　　□女

2. 年龄
   □30岁以下　　□30～40岁　　□40～50岁　　□50岁以上

3. 学历
   □博硕士研究生　　□本科　　□大专　　□大专以下

4. 您的家庭人员共_____人。

5. 家庭年收入
   □3万元以下　　□3万～8万元　　□8万～15万元　　□15万～30万元

6. 您平时出行的交通工具
   □私家车　　□摩托车　　□自行车　　□公交车　　□出租车　　□其他

7. 您现在担任的职务
   □政府高级公务员　　□高级科研人员　　□政府普通公务员
   □企业高管
   □企业中层管理人员　　□下岗待业者　　□普通职员　　□私企业主
   □其他(请说明)

8. 您平时经常看哪些报纸
   □日报　　□晚报　　□广播电视报　　□法制报
   □商报　　□都市报　　□其他(请说明)

3.文化环境调查的结果

文化环境的调查结果一般都会直接影响房地产项目的产品定位,如对房地产项目的规模、户型、价格等都有影响。

（1）文化环境定位的步骤。不同的消费者在价值观念、思维方式、宗教信仰等方面都具有不同的特征。房地产企业要针对不同区域的文化环境进行翔实的分析，然后对房地产项目进行准确的定位，这一定位的过程如图1-5所示。

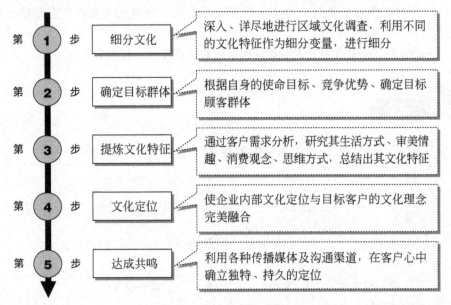

图1-5 文化环境定位步骤

（2）文化环境定位的模式。根据房地产文化定位的流程和文化提出方法的不同，可以分为两种基本的定位模式，即传承型和创新型，具体内容如表1-4所示。

表1-4 文化环境定位模式

序号	模式	具体内容
1	传承型	（1）从传统主流文化、地方区域文化出发 （2）通过文化调查分析，提炼区域文化的特征和精髓，发掘目标客户群的核心价值取向、文化特征，加以整理和提炼，形成个性化的房地产文化 （3）通过包装策划，有效持续地传播沟通，引起消费者的认同和共鸣，最终使其采取消费行动
2	创新型	（1）通过洞察社会经济发展趋势，结合科学技术的发展与创新，充分挖掘顾客的潜在人居文化消费需求 （2）对区域文化精髓进行提炼和升华，创造性地塑造出与目标顾客文化相融合的房地产特色文化 （3）通过媒体的强力宣传影响和引导消费者的文化价值取向

第二章 房地产市场调查

阅读提示：
对城市房地产市场进行调查分析，可为企业提供真实的市场背景资料，为投资决策提供参考依据。

关键词：
需求容量
土地出让
价格走势

一、房地产市场需求容量

在一个区域内做房地产开发，首先必须调查该区域未来房地产的供应量、需求量、业态规划和设计。房地产的盈利最终取决于租赁和销售后的经营状况。

房地产需求预测是指对房地产未来的发展做出估计，预测提供的信息虽然不是完全准确的，但是可使房地产项目开发的不确定性大大降低。房地产需求预测是制定房地产政策，做出房地产投资决策以及实施房地产经营与开发的重要依据。

1. 预测方法分类

房地产需求预测方法分为两类，具体如图2-1所示。

额定需求预测
又称客观需求预测，指根据行政机关或相关机构制定的标准做出的预测，该方法进行长期预测最多为20年，一般以10～15年为佳

实际需求预测
又称主观需求预测，根据人们对房地产市场的期望和人们的实际支付能力做出的预测，适宜做出短期预测，一般预测时间为1～5年

图2-1 预测方法分类

2. 住房需求预测

住房需求预测是指在一定时间、一定区域范围内，在某一价格水平下，人们有住房意愿并有能力购买的数量。住房需求预测可以采用以下两种操作方法，具体如图2-2所示。

额定住房需求预测法：先确定当前住房短缺量，再确定未来某一时期的短缺量，然后计算两者之和，即为住房需求预测量；在不划分"当前"和"未来"的条件下，确定预测期内累计住房的短缺量，即为住房预测需求量

实际住房需求预测法：通过调查取得相关信息（搬迁动机、可用于住房的资金、住户类型、住户要搬出和搬入的住宅状况），通过对这些信息进行分析而得出未来某一时期内住房的需求状况

图2-2　住房需求预测操作方法

3.办公用房需求预测

办公用房需求预测也分为以办公为主的办公用房与兼做办公用的其他用房两类，具体内容见表2-1。

表2-1　办公用房需求预测

以办公为主的办公用房	兼做办公用的其他用房
（1）办公用房的需求与行业类型、职业性质有密切的关系，不同类型的行业与职业，其需要办公用房的面积也不一样 （2）需要新建的办公用房面积与员工人数、每人所需面积及空房率有关，预测各类职业从业人数的增长量是办公用房需求预测的关键	（1）兼做办公用房的其他办公用房具体包括仓库、酒店、学校、医院等 （2）办公用房的需求量变化主要与国家的经济发展情况、相关政策及法律法规有关

二、现有楼盘分析

如在某一城市，房地产企业市场调研人员应对现有楼盘的情况进行详细分析，具体包括图2-3所示的内容。

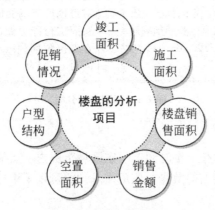

图2-3　楼盘的分析项目

1.现有楼盘户型分析

房地产企业市场调研人员应对现有楼盘户型进行分析,说明现有楼盘户型比例。如图2-4所示的是对某楼盘户型分析的结果。

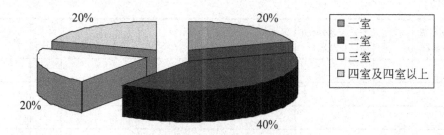

图2-4 现有商品房型分析图形表示

下面提供一份住宅楼盘户型调研的范例,仅供参考。

住宅楼盘户型调研

楼盘:××× 开发商:××地产 位置:××路与××路交汇处				
总面积:100万米²				
户型		面积/米²	楼栋号	
A2户型	2室2厅1厨1卫	93	1# 2个单元/33层	1梯4户
L2户型	3室2厅1厨1卫	92	2# 2个单元/33层	1梯4户
D2户型	3室2厅1厨1卫	92		
A1户型	3室2厅1厨1卫	108	3# 3个单元/33层	1梯4户
D3户型	3室2厅1厨1卫	108		
D1户型	3室2厅1厨1卫	110	4# 4个单元/33层	1梯4户
L3户型	3室2厅1厨1卫	111		
L1户型	3室2厅1厨2卫	131		

2.现有楼盘促销分析

房地产企业市场调研人员应对在售楼盘降价促销情况进行分析。

下面提供一个在售楼盘降价促销情况分析表的范例,仅供参考。

在售楼盘降价促销情况分析表

日期：

楼盘名称	区域	本期按揭均价/（元/米²）	上期按揭均价/（元/米²）	差价/（元/米²）	优惠幅度/%	变化说明	备注

三、市场土地出让分析

市场土地出让分析的项目具体如图2-5所示。

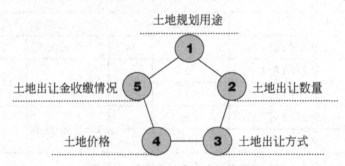

图2-5 市场土地出让分析的项目

其中，土地出让方式是以上项目的分析重点。土地使用权的出让方式是指国有土地的代表（地方人民政府）将国有土地使用权出让给土地使用者时所采取的方式或程序，它表明以什么形式取得土地使用权。《中华人民共和国城市房地产管理法》规定"土地使用权出让，可以采取拍卖、招标或者双方协议的方式。"因此，我国土地使用权出让的方式有三种：拍卖、招标和协议，具体内容见表2-2。

表2-2 土地使用权出让方式

方式名称	具体说明	适用范围
拍卖出让	在指定时间、地点，利用公开场合，由政府代表主持拍卖土地使用权，对土地公开叫价竞报，按"价高者得"的原则确定土体使用权受让人的一种方式	主要适用于投资环境好、盈利大、竞争性强的商业、金融业、旅游业和娱乐业用地，特别是大中城市的黄金地段
招标出让	在规定期限内由符合受让条件的单位或个人（受让方）根据出让方提出的条件，以密封书面投标的形式竞报某地块的使用权，由招标小组经过开标、评标，最后择优确定中标者	主要适用于一些大型或关键性的发展计划与投资项目
协议出让	土地使用权的有意受让人直接向国有土地的代表提出有偿使用土地的愿望，由国有土地的代表与有意受让人进行谈判和磋商，协商出让土地使用的有关事宜	主要适用于工业项目、市政公益项目、非盈利项目以及政府为调整经济结构、实施产业政策而需要给予扶持、优惠的项目

下面提供一份××市的土地出让分析的范例，仅供读者参考。

范例

××市2017年第一季度土地出让分析

一、基本情况

2017年第一季度，市本级挂牌出让土地共计13宗，土地总面积36.72万平方米。其中成交11宗，出让面积共计29.68万平方米，成交金总额14.62亿元；××街地块、××中部地块2幅地块因故挂牌中止。

（1）从出让用途来看。住宅类地块2宗，土地面积4.48万平方米；商服类地块8宗，土地面积23.54万平方米；工业类地块1宗，土地面积1.66万平方米。

（2）从地块区域来看。成交的11宗地中，××区4宗，土地面积3.01万平方米；××区5宗，土地面积20.85万平方米；××湖2宗，土地面积5.82万平方米。××区、××圈内、××新城没有推出土地。

二、主要特点及成因分析

（一）主要特点

略。

（二）成因分析

1. 据分析，造成总体成交数量、面积、金额下降的原因主要有四点。

一是国家持续性的宏观调控，尤其是对商品房严格限购限价等措施已对房地产市场作用逐步显现，老百姓对住宅等购买需求不高，持观望态度，二级市场交易热度不大，市本级住宅用地出让受到一定影响。

二是随美联储调整货币政策，全球美元流动性吃紧，部分房产投资热钱撤出；同时，国内资金面紧张造成银行存贷失衡，贷款政策有所调整，房地产企业的融资难度加大，拿地成本逐渐增加，土地出让市场买方积极性不高。

三是2017年的房地产及土地供应政策并没有过多讨论，今后政策尚未有明确信息，各方对今后房产、地产的预测各异，均谨小慎微，土地交易激情不足。

四是受假期以及年初等因素影响，各区政府对2017年土地市场判断不一，在年初推出土地较少，土地出让一级市场供给部分不足。

2. 据分析，造成成交单价大幅下降的原因主要有三点。

一是市本级土地出让价格是以楼面地价为测算依据，折算到地面单价需乘以容积率，而2017年第一季度出让地块容积率均不高。以2017年一季度成交的一宗住宅用地为例，××城镇住宅地块容积率仅为1.01，而经测算2016年同期成交的住宅用地平均容积率在2.5～3.0，所以平均容积率不高是造成2017年第一季度土地成交单价不高的重要原因。

二是市本级不同区域土地等级、出让基准价的不同，将直接影响最终成交的土地出让单价。同样以××城镇住宅地块为例，该宗地土地等级为六级，住宅类基准地价约为中心区土地等级三级的一半。所以成交区域不同是造成今年第一季度土地成交单价不高的另一重要原因。

三是受上述大环境的影响，房地产企业竞价积极性不高；同时，土地出让审批权下放后，各区加大了招商引资力度，意向一宗，消化一宗，定向性趋强，也存在相互挤压现象。与2016年相比，2017年一季度的土地交易多为一轮竞价，底价成交，成交单价没有上扬幅度。

3. 据分析，商业用地成交量上升原因主要有两点。

一是国家对商品房市场严控，加上国家城镇化战略的推动，使得部分房地产企业股本越来越多地投向商业用地市场。

二是地方政府加大了招商引资力度，推出的商业用地较多，政策驱动力推动商业用地成交比上升。但此有潜在的阶段性过剩风险。

4. 据分析，工业用地大幅下降的原因主要有两点。

一是市本级区域可供出让的工业用地越来越少，全市工业产业圈逐步朝

××中心城区外围扩展。

二是随着国家对环保行业越来越重视，退二进三等政策使得工业的运作成本越来越大，企业拿地预期成本将会上升。

三、预测分析

（1）土地市场将逐步升温。随着新型城镇化政策的进一步发展，日后城镇化和新农村建设协调推进将逐步深入，这会为开发商尤其是中小开发商将带来新的机遇。××作为二线发达城市，新型城镇化与城乡一体化力度会逐步加大，市本级土地市场，特别是区与区邻接区域的土地市场会趋于活跃。住宅、商业用地将持续推出。

（2）市本级工业用地仍将少量供应。随着国家对环境保护越发重视，以及中心城市发展，本地工业用地比例也会逐步下降。

四、房地产价格走势的分析

影响房地产价格走势的因素，具体如图2-6所示。

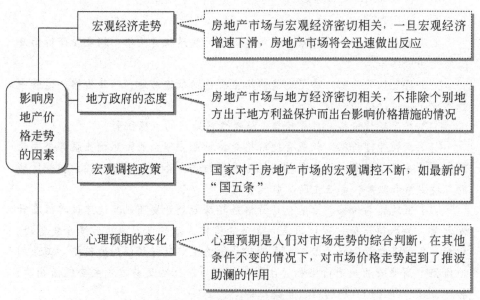

图2-6 影响房地产价格走势的因素

下面提供一份房地产价格统计调查方案的范例，仅供参考。

 范例

房地产价格统计调查方案

一、调查目的

为以翔实的数据资料反映房地产市场价格的变化趋势，服务于公司领导决策层，服务于财务部门核算，服务于企业全体员工的信息需求，引导和促进本公司持续、健康发展，特制定本方案。

二、调查任务

（1）调查和搜集房地产市场中各种价格，及时、准确地掌握各种价格资料。

（2）编制房屋销售、房屋租赁、物业管理和土地交易等价格指数，科学地计算各种房地产价格，准确反映房地产价格变动的幅度和市场发展趋势。

（3）结合房地产的投资规模、投资效益和市场变化情况等主要指标，积极开展统计分析，及时客观地反映新情况、新问题并提出合理的政策建议。

（4）定期向本公司领导公布各种房地产价格的统计信息。

三、调查范围

本市辖区及周边各郊区。

四、调查内容

本次调查的内容主要包括房屋销售价格、房屋租赁价格、物业管理价格及土地交易价格等。

（1）房屋销售价格。房屋销售价格主要包括新建房地产销售价格、运营中的房地产销售价格两部分。

（2）房屋租赁价格。房屋租赁价格是指房地产的市场租金。

（3）物业管理价格。物业管理价格是指物业管理企业按照物业服务合同的约定，对房屋及配套的设施和相关场地进行维修、养护、管理，维护相关区域的环境卫生和秩序，向业主所收取的费用。

（4）土地交易价格。土地交易价格是指房地产开发商或其他建设单位在开发之前，为取得土地使用权而实际支付的价格，不包括土地的后续开发费用、税费、各种手续费和拆迁费等。土地交易价格主要包括居住用地价格、工业用地价格、商业营业用地价格和其他用地价格等，土地交易方式主要包括拍卖、招标、挂牌销售、市场转让、市场抵押等。

五、调查对象

（1）各级政府房地产行政主管部门，如房地产管理局、国土局、房屋土地交易中心等。

（2）房地产企业。
（3）房地产经营机构。
（4）物业管理企业。
（5）有关企事业单位、机关团体及部分居民。

六、调查方法

房地产价格调查为非全面调查，采用重点调查与典型调查相结合的方法。调查方式采用报表与调查员实地采价相结合的方式。

为保证房地产价格指数的科学性和可靠性，在选择被调查单位时应遵循下表所示的原则。

选择被调查单位应遵循的四大原则

序号	类别	具体内容
1	被调查单位代表性强	（1）选择的被调查单位要规模大、实力强，营业额占当地总营业额比重较大，经营状况比较稳定 （2）选择被调查单位时，要统筹考虑项目因素。一般来说，大的房地产经营服务项目具有较强的代表性
2	兼顾企业注册登记类型	调查对象不仅要选择国有企业，也要选择集体、合资、外资等企业
3	兼顾各种用途的房地产项目	对于写字楼、购物中心、专业市场、度假中心等各种类型的房地产项目，都要调查
4	兼顾不同地理位置的房地产项目	由于存在着级差地租，不同地理位置的房地产单位面积价格差异较大。所以在选择被调查单位时，要兼顾不同地理位置（地段）的房地产项目

所选被调查单位的房地产营业额总值一般应占本地区总额的75%以上。

七、调查资料的采集及上报

（1）房屋销售价格实行月报。月报的内容包括房地产项目的类型、上月实际销售（出租）总面积和总金额。填写报表时需要填报样本房屋的详细地址（包括门牌号码），以便对采集价格的可比性、准确度进行核实和评估。

（2）房屋租赁、物业管理和土地交易价格数据采集。季报的内容包括房屋租赁、物业管理和土地交易价格方面的信息。每月要调查一次各种价格及数量、金额等。季度数量、金额是该季度每个月（共三个月）的实际交易总数量、总金额分别相加求得，季度价格则由该季三次调查样本价格的算术平均求得。

（3）数据采集过程中的注意事项。房地产交易往往是一次性交易，因此在进行房地产价格调查时，要综合考虑房地产的类型、区域、地段、结构等统计口径的一致性，保证商期、报告期价格的同质可比性。

（4）资料的上报时间和上报方式。在搜集汇总调查资料后，通过房屋销售的价格月报，将汇总结果和原始资料一同于月后3日前（房屋租赁、物业管理和土地交易价格季报于季后月3日前）以公司规定的方式上交总部。

五、房地产物业类型分析

房地产物业类型的分类与分析，具体内容如图2-7所示。

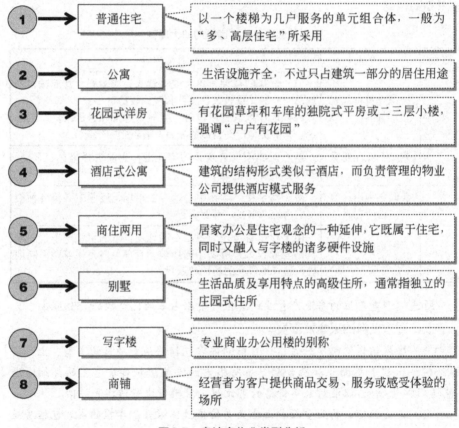

图2-7　房地产物业类型分析

六、开发商销售情况分析

在某一个城市或区域，对开发商销售情况的分析主要包括对其开发量、竣工量、销售面积、营销策略、销售金额进行分析比较，从而为本企业楼盘开发与营销工作制定相应的策略方针。其中，营销策略的分析与比较可以利用经典的4P（产品——Product、价格——Price、渠道——Place和促销——Promotion）模型来进行，具体如图2-8所示。

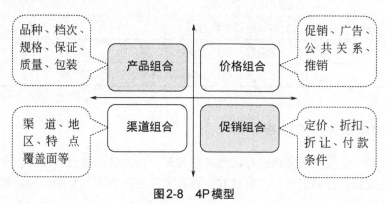

图2-8 4P模型

策划利剑

房地产企业应用营销策略组合（4P）模型，可以对楼盘项目的产品组合、价格组合、渠道组合、促销组合进行综合分析。

七、三级市场交易情况分析

三级市场是指购买房地产的单位和个人再次将房地产转让或租赁的市场，也就是房地产再次进入流通领域进行交易而形成的市场，包括房屋的交换。

下面提供一份三级市场交易情况分析表的范例，仅供参考。

范例

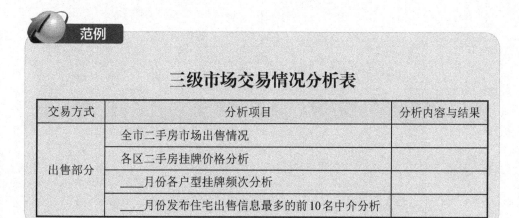

三级市场交易情况分析表

交易方式	分析项目	分析内容与结果
出售部分	全市二手房市场出售情况	
	各区二手房挂牌价格分析	
	____月份各户型挂牌频次分析	
	____月份发布住宅出售信息最多的前10名中介分析	

续表

交易方式	分析项目	分析内容与结果
出租部分	全市二手房市场出租情况	
	各区二手房市场出租价格分析	
	____月份二手房住宅租赁市场挂牌户型分析	
	____月份二手房住宅租赁价格段挂牌频次分析	

八、区域房地产政策法规

在对某一个城市或区域进行房地产项目开发前，必须对当地政府在房地产方面的政策法规进行调查分析，明确其对拟开发项目的作用与影响，为前期开发工作提供指导。

第三章 购房者行为调查

阅读提示：
人们的精神需求如审美、个人价值实现等需要日趋重要，而这些都会主导着人们的购房行为。

关键词：
购买行为分析
购买动机分析
产品需求分析

一、购房者购买行为分析

1.购房者购买行为类型

对于购房者的购买行为，根据不同的分类标准，可以分为不同的类型。

（1）按购房目标是否确定来分。根据购房目标是否确定进行分类，可以分为四类，具体内容见表3-1。

表3-1 购房者购买行为类型（购房目标是否确定）

序号	类别	具体说明
1	确定型	这类购房者购买行为非常明确，已有明确的购买目标。这类客户往往是急需住房，而且掌握了一定的房地产信息知识，对房子的价格有一定的承受能力，特别是对购房地段有一定的小范围内的要求
2	不完全确定型	这类购房者虽然已经有大致的购买目标，但是购买行为不太明确。这些购房者往往要经过一定时期的选择、比较后才会决定购买房产
3	不确定型	这类购房者购买行为不明确或不确定，没有明确的购买目标，对所需房产的各项需求意识朦胧，表达不清，对房产价位、地段环境没有明确的概念，无疑此类购房者是刚刚开始想要购买商品房，很多人买房的决策过程都很长，从开始考察各个楼盘到考虑成熟一般都要一年或更长的时间
4	一时冲动型	这类购房者往往具有好奇心、炫耀或消遣的心理。此类购房者的购房目标很不明确，不知道自己要购买哪个类型的房产，或许只是因现场售楼处、看板或因朋友购买而初步产生购房的想法

（2）按对房地产知识的了解程度来分。根据对房地产知识的了解程度进行分类，可分为三类，具体如表3-2所示。

表3-2　购房者购买行为类型（对房地产知识的了解程度）

序号	类别	具体说明
1	了解丰富型	这类购房者对房地产知识有着比较深刻的了解，而且对它周围楼盘的基本情况也比较了解
2	一知半解型	这类购房者对房地产知识有着浅显的理解，对一些楼盘的情况一知半解
3	几乎不了解型	这类购房者对房地产知识了解很少，没有分析地段和楼盘的经验，对购房手续和房屋开发过程认识不清

（3）按考虑因素侧重点不同来分。根据考虑因素侧重点不同进行分类，具体如表3-3所示。

表3-3　购房者购买行为类型（考虑因素侧重点不同）

序号	类别	具体说明
1	经济实用型	这类购房者的生活方式往往比较简单，崇尚简洁朴实，平时勤俭节约。其选择楼盘重在综合的质量和实用性，不求外在的名声与款型，注重倾听有关房屋的质量说明，认识事物、考虑问题都比较现实，不喜欢过多的联想和象征
2	不受约束型	这类购房者生活方式往往比较随意，客户常呈浪漫型色彩，具有很强的审美眼光和需求，注重楼盘的外观造型设计、颜色和名字。其选择楼盘时，既会考虑质量，又会讲求外观，但比较起来，更加倾向于后者
3	谨慎思考型	这类购房者做事以及思考问题都很谨慎，而且往往具有一定的房产知识和购房经验。这类客户的主观性较强，他们善于观察，容易发现很多的细微特征，而且非常敏感

2. 购房者购买行为调查

对房地产消费者的购买行为，可以采用"5W1H"模式，具体内容见表3-4。

表3-4　房地产消费者购买行为模式分析

购买行为要素	具体说明	备注
谁来购买（who）	分析谁是主要购买者，从房地产企业来说，其开发的产品将要卖给哪类消费者，解决的是消费者定位的问题	如高档住宅楼，主要是在该地区设立办事处或分公司的外地、有实力的大型企业
为什么要购买（why）	消费者的购房动机问题	消费者的购买动机可以分为理性动机和带有感情色彩的动机
在什么时候购买（when）	分析消费者在何时购买或何时更愿意购买，有助于选择合适的时机将楼盘推向市场	如逢双休日、节假日，选购者会比平时多一些

续表

购买行为要素	具体说明	备注
在什么地方购买（where）	为房地产企业制定销售渠道策略和促销策略提供参考依据	一般消费者倾向于到现场实地了解和查看楼盘
购买什么样的（what）	由于消费者所处的社会环境、经济条件的不同以及心理因素的作用，消费者所需购买的房地产也是多种多样的	如新婚夫妇会购买一室一厅的房子，三口之家可能会购买二室一厅的房子
如何购买（how）	影响到营销活动的状态与产品的设计	如消费者拥有足够的支付能力，可能会选择一次性付款；当支付能力不足时，可能会选择分期付款或以按揭的方式付款

二、购房者购买动机分析

随着房地产市场的不断发展不断成熟，占市场主导的已不再是开发商的决策来决定产品的形态和定位，而是必须考虑购房者即消费者的需求，考虑消费者的购买动机和需求能否与市场的供应相协调，逐渐成为项目定位和决策的重要参考依据和基础。

1.购房者购买动机的类型

房地产客户的购买动机主要有图3-1所示的三类。

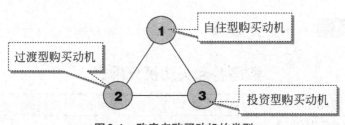

图3-1　购房者购买动机的类型

（1）自住型购买动机。对于大多数普通百姓而言，买一套属于自己的房子是人生中一件相当重要的大事。此类客户主要以城市人口为主，这类购房群体由于收入的差异，往往会有两种极端购房表现，具体如图3-2所示。

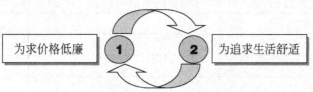

图3-2　自住型购买动机的购房表现

(2) 过渡型购买动机。以"过渡"作为购房目的的主要是年轻人,包括为了结婚而购房。所谓"过渡",即购房是为了解决阶段性的住房问题,而不是为了长久性的居住。

> **策划利剑**
>
> 以"过渡"作为购房目的的客户,价格通常是最为重要的考虑因素。当然,由于年轻人生活丰富多彩,工作必不可少,交通是否便利也是应该关注的另外一个重点。

(3) 投资型购买动机。投资型心态各异,客户群体主要分本地与外地之分。就心态而言,本地投资客和外地投资客心态基本雷同,那就是希望自己购买的房子能很快升值,达到投资的目的。其主要区别在于,外地投资客相对比本地投资客有更多的投机心理。而本地投资客,心态大多比较平静,抱着大不了自己住的心理去购买。

2.购房者购买动机分析

购房者购买动机分析就是根据各种购买动机所选择的人数,计算占样本总数的比例,根据计算结果分析该片区受访对象的购房动机。

下面提供一份购房者购买动机分析表的范例,供读者参考。

购房者购买动机分析表

购买动机	人数	所占比例	备注
首次置业满足基本居住需求			
二次置业改善居住条件			
投资保值和增值			
结婚			
买板房			
度假			
办公			
本地拆迁			
为父母或子女购房			

三、购房者产品需求分析

消费者需求是人们为了满足个人或家庭生活的需要,购买产品、服务的欲望和要求。

1. 购房者产品需求特征

购房者对住房产品的需求分为基本改善型需求、中间型需求、品质追求型需求三种,具体内容见表3-5。

表3-5 购房者产品需求特征

产品需求	具体说明	年龄层	收入情况	选择房型
基本改善型	比较关注价格因素,注重住房基本功能的实现	消费者平均年龄在30岁左右	个人收入和家庭年收入较低	主要选择经济适用房,只有少部分人选择普通商品房时,更愿意购买小面积的住房
中间型	追求住房档次与品质,但是在住房品质提高上又不愿多付钱,相对来说较为挑剔	年龄一般在40～50岁	拥有中等的个人年收入和家庭年收入	以经济适用房和普通商品房为主
品质追求型	注重产品的档次与品位,偏好环境高雅、设施高档、小区绿化环境好的社区,对于价格有较高的承受能力	年龄较高	拥有汽车比例最高的一类消费者	以普通商品房为主兼顾别墅等其他类型

2. 购房者产品需求调查项目

对购房者产品需求调查的项目,具体如图3-3所示。

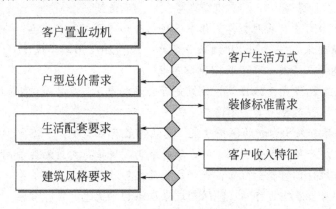

图3-3 购房者产品需求调查项目

下面提供一份××市的购房者需求调查问卷的范例，供读者参考。

××市的购房者需求调查问卷

2017年即将走过，在即将过去的一年，你是否完成了自己的买房大事？对2016年××市的楼市发展你是否满意？对即将迎来的2018年，对于××市的楼市你又有怎样的期待？在2018年开局之际，本人设计了一份购房者预期网络调查问卷，就2017年楼市预期、政策动态、购房者需求等方面，对网友进行一次全面的了解。

1.你对2017年××市楼市的发展趋势是否满意？*必填[单选]
□满意　　　　　□不满意　　　　　□不关心楼市

2.调控至今，你觉得××市目前的房价是否合理？*必填[单选]
□太高，买不起　　　　　□偏高，勉强能承受
□基本合理，可以承受　　□偏低，完全能够承受

3.2017下半年开始，××市楼市出现成交量上升、部分热销楼盘价格上涨、开发商优惠减少的现象，对你买房有什么影响？*必填[单选]
□延迟了我的买房计划　　□对我没什么影响，想买的房子没涨价
□促使我提前出手了　　　□无所谓

4.你认为2018年××市楼市会如何变化？*必填[单选]
□微幅下跌　□大幅下跌　□持平，不涨不跌
□微幅上升　□大幅上升

5.2018年你是否还有购房打算？*必填[单选]
□有　□没有　□看市场走势　□不清楚

6.假如2018你有置业打算，你准备在何时出手买房？*必填[单选]
□2018年末　　　□2018第一季度　□2018第二季度
□2018第三季度　□2018第四季度

7.你认为2018年房地产调控政策是否会更加严厉？*必填[单选]
□会　□不会　□不清楚

8.2018年如果出台新的调控政策，您认为最有可能是？*必填[单选]
□征收房产税　　□加强对地方政府限购政策执行力度的监管问责
□严格执行预售资金监管、进一步规范预售流程
□限制房价涨幅目标　□限制或者取消利率优惠　□其他

9.假如征收房产税,对你的购房意愿是否有影响？*必填[单选]
☐影响很大　　☐影响比较小　　☐无影响　　☐不清楚

10.目前你是通过哪些主要途径了解房地产项目？（多选2项）*必填[多选]
☐报纸杂志等纸媒　　☐手机短信　　☐房地产网站
☐电视、广播　　☐DM传单、路牌广告等

11.你目前最喜欢通过什么活动购房？*必填[单选]
☐电商团购　　☐开发商推出特价房
☐开发商推出买房送车位送装修等优惠活动
☐开发商直接降房价　　☐其他

12.你的意向购房面积是多少平方米？*必填[单选]
☐60～90平方米　　☐90～130平方米
☐130～160平方米　　☐160平方米以上

13.你最感兴趣的户型是？*必填[单选]
☐一室一厅　　☐两室一厅　　☐两室两厅
☐三室一厅　　☐三室两厅　　☐四室及以上

14.你所能承受的购房预算是多少？*必填[单选]
☐25万元以下　　☐25万～40万元　　☐40万～55万元

15.你将会选择××市哪个区域的房子？（多选3项）*必填[多选]
☐××区　　☐××区　　☐××区　　☐××区
☐××区　　☐××区　　☐其他

第四章 竞争对手调查

阅读提示：
　　企业必须密切关注竞争环境的变化，了解自己的竞争地位及彼此的优劣，只有知己知彼，方能百战不殆。

关键词：
对手类型
对手产品
竞争楼盘

一、竞争对手调查项目

房地产企业对竞争对手调研的项目，具体如图4-1所示。

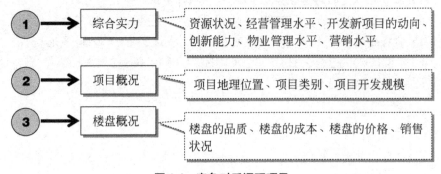

1 → 综合实力：资源状况、经营管理水平、开发新项目的动向、创新能力、物业管理水平、营销水平

2 → 项目概况：项目地理位置、项目类别、项目开发规模

3 → 楼盘概况：楼盘的品质、楼盘的成本、楼盘的价格、销售状况

图4-1　竞争对手调研项目

二、竞争对手类型

房地产企业竞争对手主要分为四类，具体内容如图4-2所示。

类型一　愿望竞争者

是指提供不同房地产产品以满足消费者不同需求的竞争者。如商业用房、工业用房、娱乐用房、住宅用房的开发商之间就是愿望竞争者

| 类型二 | 一般竞争者 |

是指满足消费者同一种需求的不同房地产竞争者。如普通住宅、高级公寓与别墅的开发商之间就是一般竞争者

| 类型三 | 产品形式竞争者 |

是指开发同一种房地产，户型、设计风格和面积有所不同的竞争者。如同时开发普通住宅，但其在开发面积、设计风格及配套设施等方面有所区别

| 类型四 | 品牌竞争者 |

开发同一种房地产，户型、设计风格、面积及配套设施也相同的竞争者。这类竞争的结果与品牌的知名度关系较大

图4-2　竞争对手类型

三、竞争对手产品开发分析

竞争对手产品开发分析的主要内容（包括但不限于），具体如图4-3所示。

| 内容一 | 是否在系统地开发新项目 |

| 内容二 | 新项目的开发活动是如何组织的 |

| 内容三 | 要推出的新项目是没有关联的产品，还是同属一个物业形态的系列楼盘 |

| 内容四 | 在产品设计方面有何优劣势 |

| 内容五 | 在楼盘包装方面有何优劣势 |

| 内容六 | 楼盘质量是否稳定地保持在某一水平上 |

图4-3　产品开发分析的主要内容

四、竞争对手营销水平分析

竞争对手营销水平分析的主要项目,具体如表4-1所示。

表4-1 竞争对手营销水平分析的主要项目

序号	分析项目	具体说明
1	广告活动	竞争对手在哪些媒体上做广告宣传楼盘;广告活动是否定期推出、推出版面为多少;广告的具体内容是什么;广告播出的时间及长度;广告的覆盖面、播出成本、所采用的广告媒体组合的作用,是否用广告曲刺激、引导消费群体;所采取的公关措施;采取广告措施的实际效果分析
2	销售策略	对楼盘产品分销的重视和依赖程度;市场份额的比例;主要采取的销售渠道;分销成本;所选销售渠道的形象状况;分销目标和销售策略概述
3	现场销售	促销活动、现场气氛营造措施、楼盘付款方式

五、竞争楼盘分析报告

房地产企业要对竞争楼盘进行分析,需要撰写分析报告。

下面提供一份××项目竞争对手楼盘分析报告的范例,仅供参考。

范例

××项目竞争对手楼盘分析报告

本次市场调查,主要针对目前××市在售楼盘进行的全面调查。通过对这些楼盘的分析研究,为本案的产品定位、价格定位等方面提供相应的参考依据。

第一部分 竞争楼盘总体分析

一、调查说明

(一)调查区域

本次竞争楼盘的调查,主要选取"项目周边及××市区在售楼盘"进行调查。在调查过程中,样本项目的采样主要以住宅为主,涵盖多层住宅、高层住宅和别墅等。

(二)调查对象及数量

本次调查,共调查竞争楼盘11个,其中多层住宅项目6个,高层住宅项目5个。

(三)调查时间

5月12日~5月18日。

二、综合分析

本次主要针对"项目周边及××市区在售楼盘"进行了全面调查,目前××市在售楼盘11个,总开发面积近70万平方米,总套数在7000套左右,现已销售近65%。

1.住宅

本次调查的住宅项目户型主要以三房两厅两卫为主,销售价格为1500~4200元/米^2。产品包括多层住宅、高层住宅和别墅。从销售情况看:多层住宅销售较好,但价格相对较低,3500~4700元/米^2;小高层、高层住宅及别墅销售一般,价格相对较高5700~8000元/米^2。所调查楼盘中××、××、××等楼盘销售情况较好。

2.商业

本次调查的商业主要以社区商业为主,商铺的面积普遍都在100米^{2}以上,销售价格为6000~12000元/米^2。从销售情况看,位于交通要道及商圈附近的商铺销售情况较好。

三、借鉴分析

本次调查的一个重要内容就是了解目前市场上住宅产品在设计、推广方面值得借鉴之处,同时了解应该避免的一些失误。

(一)借鉴方面

1.建筑设计方面

(1)××楼盘。"一环二弧二轴"整体规划,使分期开发的各组团既开放又相对独立,有机结合。同时在景观规划及环境建设方面,××楼盘运用水系、假山、庭院绿化等将建筑与环境巧妙融合,赢得客户一致称赞。

(2)××楼盘。目前市场上唯一一家多层建筑采用框架结构的住宅项目,××楼盘通过中央景观湖的营造,主打"水景楼盘"概念,获得了市场好评。

2.营销推广方面

(1)××楼盘。率先在××市运用"体验营销",让客户通过体验样板房、样板环境,直接刺激购房者的购买欲望,取得了较好的市场反响。

(2)××楼盘。注重销售环境的布置与包装,销售中心布局精巧,格调高雅,品质感强,赢得了客户的认可!

(二)失误分析

1.普遍无样板房、看房通道

在本次所调查的11个楼盘中,仅××城建有样板房。样板房、样板环境的缺失,无法直接刺激消费者感官,对客户成交会产生一定的影响。

2.销售人员着装及销讲技巧差

在售楼盘中，销售人员着装统一、销售技巧娴熟者仅××半岛少数几个楼盘。销售人员的形象包装、销售技巧尚待加强。

3.销售中心包装及现场气氛营造不到位

在售11个项目中除××楼盘、××楼盘、××楼盘等少数楼盘销售中心包装较好外，其余楼盘销售中心的包装均缺乏品质感，现场气氛不活跃，无法带动到场客户的热情、激情，直接影响成交。

第二部分 竞争楼盘个案分析

个案分析一：××楼盘

一、楼盘概况

楼盘概况具体见下表。

楼盘概况

案名	××楼盘	建筑风格	海派
开发商	××房地产开发有限公司	表单价	住宅5100元/米^2 别墅8200元/米^2
物业位置	××市××侧	交房日期	××××年××月
建筑类型	多层、别墅	物业公司	××物业公司
楼栋数	42栋	物业费	未定
占地面积	100000米^2	销售率	30%
建筑面积	135000米^2	主力户型	三房
层数	6层、3层	主力面积	116.95～136.93米^2
总套数	约800余套	交房标准	毛坯
容积率	1.35	工程进度	部分结顶

二、户型、面积种类及分析

户型、面积种类及分析，具体见下表。

户型、面积种类及分析

户型＼面积	面积（单位：平方米）					销售状况
	1	2	3	4	5	
二房二厅	91.7					80%
三房二厅	136.9	132.4	127.4	126	116.9	30%
四房二厅	150.9					70%
别墅	229.8	323.3				10%

特点分析：两房户型，面积实用，全明设计，但餐厅、客厅联结部分面积浪费；三房户型，方正布局，两个甚至是三个朝阳卧室，动静分区，南北双阳台设计。

三、价格分析

最高价：8200元/米^2，层数：叠加别墅。

最低价：3800元/米^2，层数：6层。

分析：别墅临近中央水系景观，故价格最贵，多层顶层价格最便宜。

四、销售状况分析

××楼盘目前销售状况一般，购房客户多数被其景观、小区品质所吸引，××周边县城有部分客户在此购房。

五、小区配套分析

双气入户供热水；防盗监控系统，可视对讲系统；有线电视、电信宽带等智能化系统；有约1200米^{2}的大型豪华会所；底层有充足的停车位。

六、优、劣势分析

（一）优势分析

（1）交通优势。位于××路与××路交会处，交通便利。

（2）景观优势。小区中央为4000米^{2}大面积水景。

（3）建筑优势。全框架结构，外墙外保温技术，多重智能化安防设施。

（二）劣势分析

周边配套少，整个地块周边生活氛围不足。

七、学习借鉴方面

（1）销售部布局、格调包装均有独到之处，品质感强。

（2）建筑品质方面：多重智能安防。

（3）销售人员技巧及讲解水平。

八、失误及问题方面

无样板房，无看房通道；销售人员着装不统一；销售部无人气，现场气氛不活跃。

个案分析二：××楼盘

（略）

第五章　地块基本状况调查

阅读提示：
正确判断和评估投资所在地的基本状况，从而选择最佳投资点，已成为投资者决策前的重要一环。

关键词：
地块SWOT分析
地块基础设施
生活配套

一、地块基本状况SWOT分析

地块基本状况评估主要包括地理位置、面积、土地附着物分布、权属、地形地貌状况、水文地质条件、土地性质及其红线图、七通一平齐全、地块的历史研究等。对地块的基本状况评估可以采用SWOT法来进行，具体内容见表5-1。

表5-1　项目地块基本状况SWOT分析表

基本资料			
项目	具体内容	项目	具体内容
地块名称		规划用地面积	
地块编号		容积率	
地理位置		建筑密度	
用地性质		使用期限/年	
		土地使用权出让金	
地块SWOT分析			
优势分析（S） 七通一平状况良好 交通便利 建筑规划设计较灵活 充裕的资金实力 分期开发环节未有资金压力 ……		劣势分析（W） 地块周边基本配套设施不齐备 地块周边因有工厂而有污染 区域人文环境不佳 项目开发会对宗地周边的自然景观造成破坏 规划的道路投入时间待定 规划的道路投入使用后的交通压力偏大 ……	
机会分析（O） 区域需求旺盛，房价持续走高 规划中的地铁××号线经过周边，升值潜力大 城市化进程加快，土地不断增值 区域待开发土地较多，易形成大规模的居住区 政府拟在此建大学城，教育资源渐趋完善 ……		威胁分析（T） 城市化进程偏向地块的东北边 短期内区域市场的同类楼盘数量较多 政府大力加强本区内的保障性住房建设 周边项目的档次较低 ……	

二、地块基础设施分析

城市基础设施是既为物质生产又为人民生活提供一般条件的公共设施,是城市赖以存在和发展的基础。市政基础设施在成熟区域很少出现问题,而对于快速成长的中小城市和大城市的边缘地带,问题则比较复杂且频繁。

比如,在我国一些中小城市,城市长期以来只在一个很小的核心区域生长,市政基础设施只在这一中心地区比较完善。而近年来随着城市化速度加快,城市核心区已经不能满足其空间要求,迫切需要开拓新的土地用于城市建设,但却遇到了市政基础设施条件严重缺陷的瓶颈。这对于异地开发房地产项目的开发商是最应该谨慎对待的问题,必须事先调查清楚,避免已经开始开发才发现没有热力管线、没有煤气。这样的失误在目前是非常常见的。

因此,分析房地产投资环境时,必须将市政基础设施作为一个非常重要的影响因素加以考虑。

从各国城市的发展来看,虽然性质和规模有所不同,但城市基础设施的构成大体相同,一般来讲主要包括图5-1所示的六大系统。

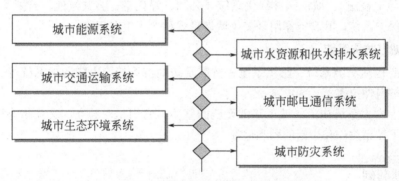

图5-1 城市基础设施的构成

1.城市能源系统

主要包括城市电力生产和供应系统,人工煤气的生产及煤气、天然气、石油液化气的供应系统,集中供热的热源生产和热力输送系统。城市能源系统在城市中的作用是发生和组织能源流循环,现代化城市能源系统具有安全、经济、舒适等特点。

2.城市水资源和供水排水系统

主要包括水资源的开发、利用和管理系统,自来水的生产与供应系统,污水、废水和雨水的接纳、输送、净化及排放系统,中水供应系统等。其功能是组织水流及废水流循环。

3. 城市交通运输系统

主要包括城市道路系统（各级城市道路、桥梁、停车场、道路照明等交通工程设施，以及城市对外交通运输集散和衔接设施，如航空港、火车站、长途客运站、港口、码头等）、交通管制系统（交通信号灯、各种交通标志设施等）、客货运输系统（公共电汽车、出租汽车、地铁轻轨等轨道交通、轮渡、人力等各种客运设施，以及各种城市货物运输设施）。其功能是建立城市整体与延伸的分支构架，组织人流、车流、物流等，现代城市交通系统应充分体现以人为本的设计理念。

4. 城市邮电通信系统

主要包括邮政设施系统（信函、电报、各级邮电局、邮政信箱等）、电信设施系统（电话、传真、移动通信服务设施、网络系统及电信局等）。其主要的功能是在城市系统中组织信息流循环。

5. 城市生态环境系统

主要包括城市环卫系统（垃圾粪便的收集、清运、处理，公共场所的保洁，公厕等环卫设施）、城市园林绿化系统（公园、绿化带、公共绿地、苗圃等）、城市环境保护系统。其功能作用是美化城市景观和净化生态环境。

6. 城市防灾系统

主要包括消防系统、防洪系统、抗震及防地沉系统、人防备战系统等。其功能是防护自然灾害和人为灾难。

以上六大系统构成了城市基础设施的整体，它们相对独立，又互相协调，从而保证了城市生产和生活的顺利进行。

> **策划利剑**
>
> 完备的市政基础设施是区域房地产市场健康发展的基础。

三、地块生活配套分析

生活配套主要指项目周边区域的生活设施，如商场、饭店、娱乐场所、邮局、银行、医院、学校等。生活配套的完善与否决定了该区域生活氛围的优劣，对项目定位和开发策略有较大影响。

生活配套的水平和数量，反映了区域消费群体的层次和特点。在一个生活配套数量不足、经营规模小、层次低、缺少品牌店的区域，如果要开发高档社区，难度就比较大，而且难度大小与项目规模成反比，项目越小，逆配套环境水平操作的难度越大。

因此，进行房地产开发，必须认真考察周边生活配套，不仅是要依据调查结果调整自己的物业配比，同时也要保证生活配套的水平和质量与所开发项目定位保持一致。

四、地块调查分析报告

房地产企业在对地块进行调查分析后，需要撰写地块分析调查报告。

下面提供一份××项目地块分析评估的范本，仅供读者参考。

范例

××新区项目地块分析报告

一、项目概况

（一）地块位置

（1）本项目共涉及两宗地块，其中010号地块东临××街，西临××街，南临××大街，北临××街。

（2）053号地块东临××路，西临××路，南临××大道，北临××大道。

（二）地块经济技术指标

略。

（三）地块周边环境

1. 053号地块

（1）地块东北侧有水系穿过，此水系分别与北侧的××公园及东南侧××公园相连。

（2）地块北侧隔××大道，三块规划综合用地环抱着的水系为××，××是××水系的源头。由此再向北，即为规划中的CBD。

（3）地块东西两侧，××路以西及××路以东目前规划均为居住用地。

（4）地块南侧目前规划为大规模的教育用地，地块东南方向为省级重点中学三中以及建设中的医科大学附属医院。

（5）地块周边区域内分布着四大主题公园：××公园、××生态公园、××森林公园以及××体育公园，其中××公园、××生态公园（一期）已经于2016年完工，其他公园也已经开工建设，基本将于2017年内陆续完工。

（6）地块未来交通条件便利，经××大道均可以直接抵达规划中的××路并直通建设中的××桥。

2.010号地块

（1）地块东侧为已经建成的美丽家园小区。

（2）地块北侧规划为居住用地，规划中的××公园也位于地块北侧。

（3）地块西侧目前规划为居住用地和教育用地。

二、区域整体规划

略。

三、区域市场分析

略。

四、地块SWOT分析

（一）优势

（1）项目位于政府规划中重点发展的新区，区域整体规划完善，远期具有良好的发展潜力。

（2）地块周边具有自然景观优势，053地块临近天然水系和四大主题公园，010号地块北侧为规划中的××公园。

（3）053号地块东南方向临近优质的教育、医疗资源。

（4）近年来该区域成为市场热点，发展前景被消费者广泛看好，多个项目市场表现良好。

（二）劣势

（1）××新区基础设施建设目前仍然处于起步阶段，缺乏生活配套设施。

（2）053号地块周边的市政道路目前并未完工，010号地块周边目前只有南侧的××大街是已经建成通车的市政道路，而其他几条道路都处于未完工或部分完工的状态，这将影响项目快速入市。

（三）机会

地块容积率比较低，拥有自然景观优势，适宜发展产品力较强的中低密度高端产品。

（四）威胁

（1）坊间舆论认为2016年市领导进行调整后，城市新区的发展重点可能要转移，对于近期区域的发展前景有一定的不确定性。

（2）承接2016年市场热度，区域内2017年将有大批项目入市，未来将面临一定的市场竞争压力。

五、产品建议

（1）地块容积率相对较低，建议将容积率进行拆分，设计包括叠拼别墅、多层花园洋房、高层住宅等多种产品的混合型社区。

（2）先行推出低密度产品，树立社区高档品质，赢得溢价空间，随后推出高层产品，实现利润最大化。

六、结论

1.本项目现阶段周边市政设施与生活配套尚不完善，其中053号地块周边市政道路均没有建成，近期内入市条件不成熟。

2.两宗地块的容积率指标相对较低，都具有自然景观优势，随着区域内市政道路及其他配套设施的不断完善，未来具有发展潜力。

3.由于本项目的启动与入市时机与××新区市政道路及各项配套设施建设周期密切相关，在现阶段取得并持有本项目将有可能使公司面临资金压力风险，但从远期分析，××新区具有良好的发展前景，随着区域内各项市政配套与生活设施的完善，本项目未来将具有投资前景与利润空间。

第二部分
房地产项目策划定位

拿到一块地,首先的问题就是确定开发项目,而这必须建立在了解消费需求的前提下,抓住市场空白点,准确进行定位。定位能够创造差异,使开发的地产项目适销对路;定位能更好地发掘项目自身个性与特色,使开发的项目更有竞争力。一句话,精准的定位是项目开发成功的保证。

第六章 开发项目选择

阅读提示：
当房地产企业面对一个房地产项目投资开发的机会时，如何做出正确的选择就成了企业经营的重点。

关键词：
开发城市选择
开发地段选择
开发模式选择

一、开发城市选择

选择房地产开发城市时，要考虑该城市的经济水平、当地政策、文化状况、自然环境、市场供求及购买力等因素，具体的分析及选择因素见表6-1。

表6-1 影响开发城市选择的因素

序号	分析因素	具体说明
1	经济环境分析	（1）选择生产总值较高或增长较快，三大产业比重较为合理的城市 （2）选择政府对公共基础设施投资较多的城市 （3）选择物价水平较高、生活水平较高的城市
2	各地政策分析	（1）研究国家、各城市对房地产的政策，选择政策宽松的城市投资 （2）分析各地政策走势和宏观环境，选择政府支持并提供优惠政策的城市 （3）注意城市历史建筑和风貌街区的保护政策及旧城改造政策
3	城市文化分析	（1）分析城市人文历史情况，是否与本企业的企业文化相符 （2）分析当地人口数量和人口增长情况 （3）少数民族人口占比、生活习惯、人工素质及分布等情况
4	自然环境分析	（1）分析城市交通条件、自然区位、交通网络等，选择交通便捷的城市 （2）分析城市自然环境、矿产资源、特产资源等
5	市场供求分析	（1）分析当地政府近期土地出让情况及土地供应商走势情况 （2）分析当地居住需求状况及当地同类项目情况
6	居民购买力	分析居民购买力，包括收入水平、财产状况、日常消费支出水平等

> **策划利剑**
>
> 调研人员在撰写调查报告时,应综合考虑上述六个因素,综合取舍,根据本企业的经济实力、发展规划等,选择合适的城市进行项目开发。

二、开发地段选择

地段应是一个综合指数的表现。地段包括了较完善的交通、教育、医疗配套。此外,地段亦包括商业历史积累、业态发展、经营水平、建筑形态、历史文化、消费习惯、人流集聚等。

1. 地段选择因素

影响房地产地段选择的因素见表6-2。

表6-2 影响地段选择的因素

序号	因素类别	具体说明
1	市场环境	(1) 市场需求。地块较为稀缺,市场需求较大 (2) 政府支持。政府支持本地块周围区域的开发 (3) 当地居民。当地居民希望该地块能够得到开发,方便生活
2	自然条件	(1) 位置。距离市中心较近的地块较好 (2) 地质条件。尽量为原生地,避免开挖地块或回填地块,避免过多隐形成本 (3) 地势地形。选择的地势应尽量开阔、平坦或者地势较高,避免低洼地势 (4) 地块形状。选择商业地块时,地块边界临街处越长越好 (5) 日照。应尽量日照充足,避免周边过多的高层建筑 (6) 地质灾害。选择地块应避开自然灾害多发区
3	社会条件	(1) 基础设施情况。尽量选择基础设施齐全的地块,开发后见效较快 (2) 相邻地块的土地属性。地块周边有大型开发商开发高档住宅小区,或者临近大型体育场、公园、绿地、重点中小学等 (3) 附近治安情况。需选择治安状况良好的地块,使消费者有安全感 (4) 附近工厂情况。附近应无化工厂、矿务企业、机械加工厂等加工制造企业
4	环境条件	(1) 污染及噪声较小 (2) 卫生情况。项目周边总体卫生状况应较好 (3) 绿化程度。绿化程度较高 (4) 视觉效果。视野应较为开阔,使消费者感觉较好
5	城市规划	(1) 土地用途。土地用途允许范围应较大,便于规划设计;土地用途改变,会有升值预期的地块 (2) 容积率。选择容积率允许值较大的地块 (3) 覆盖率。允许建造的建筑面积应较大,便于规划设计

2. 开发地段选择的原则

在选择房地产开发地段时，应注意把握城市发展和扩张的趋势，以便进行地块投资决策，具体原则如图6-1所示。

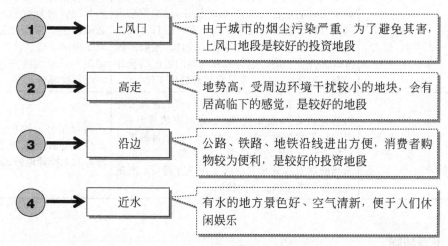

图6-1　开发地段选择原则

三、开发管理模式选择

1. 常见的开发管理模式

房地产常见的开发管理模式，具体内容见表6-3。

表6-3　开发管理模式

序号	管理模式	具体说明	特点
1	传统项目管理模式	委托咨询、设计单位完成项目前期施工图纸、招标文件等工作，并在设计单位的协助下通过竞争性招标把工程授予报价低且具备资质的承包商，施工阶段再委托监理机构对承包商的施工进行管理。企业分别与设计机构、承包商和监理机构签订合同	承包商和监理机构之间无合同关系，并且项目是按设计、招标、建造的顺序进行，只有上一个阶段结束后下一个阶段才能开始
2	建筑工程管理模式	从工程项目开始阶段，聘请有施工经验的CM经理与本企业设计咨询人员共同负责项目的设计工作。CM经理提供施工方面的建议并负责管理施工过程，在项目初步设计方案确定后，每完成一部分设计后就对该部分工程进行招标，实行阶段发包方式	CM公司同时还是施工总承包商，企业与CM公司签订CM合同，CM作为总承包商再与各分包商供应商签约，并进行协调和管理

续表

序号	管理模式	具体说明	特点
3	"设计-建造"模式	将设计与施工委托给"设计-建造"总承包商来完成的项目实施方式。"设计-建造"总承包商对整个项目总成本负责,并可以自行设计或选择一家设计公司进行技术设计,采取招标方式选择分包商,也可以充分利用自己的设计和施工力量来完成大部分设计和施工工作	需在招标与订立合同时,以总价合同为基础,企业需委托监理工程师,与"设计-建造"总承包商充分沟通并监督其工作
4	"设计-管理"模式	本企业只签订一份包括设计和施工管理服务的合同,在"设计-管理"公司完成设计后,即进行工程招标选择总承包商,在项目施工过程中"设计-管理"公司又作为监理机构对总承包商以及各分承包商的工作进行监督,实施对投资、进度和质量的控制	同一家公司向企业提供设计和施工管理服务的工程管理方式

策划利剑

在选择房地产开发管理模式时,应结合具体的项目扬长避短,选择最合适的管理模式。具体选择时,应考虑项目的复杂程度、实施战略、合同方式和对项目目标的要求。

2. 开发管理模式的选择策略

在考虑项目的复杂程度、业主技术和管理水平高低这两项因素的情况下,房地产开发管理模式的选择策略见图6-2。

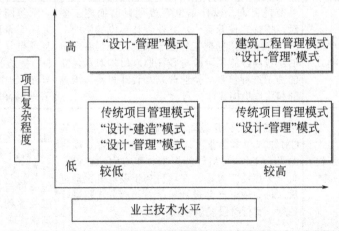

图6-2 房地产开发管理模式选择示意

业主对项目目标的不同要求会对相关管理方式的选择产生很大的影响。业主对项目目标的要求主要包括项目质量、项目成本、项目进度、纠纷和索赔等。不同的开发管理模式对项目目标的影响见表6-4。

表6-4 不同的开发管理模式对项目目标的影响

管理模式	项目质量	项目成本	项目进度	纠纷和索赔
传统项目管理模式	较好	较低	最慢	变更时易引起索赔
建筑工程管理模式	较好	较高	最快	可能有较多索赔
"设计-建造"模式	质量可能受到影响	较低	较快	较多索赔
"设计-管理"模式	较好	低	较快	较少索赔

3.开发管理模式的选择技巧

经过分析可以发现,各种开发管理模式各有利弊,企业应根据项目的侧重点及目标来选择合适的项目管理模式,具体选择技巧可参照表6-5。

表6-5 项目开发管理模式选择技巧

序号	项目及业主情况	推荐开发管理模式
1	资金充足且有可靠来源,看重项目质量,业主技术和管理能力较好	传统项目管理模式
2	项目工期紧、不明确程度较高,资金较为充裕,业主管理能力较好	建筑工程管理模式
3	业主技术和管理能力较弱	"设计-建造"模式、"设计-管理"模式

四、开发项目产品模式选择

1.选择产品模式应考虑的定位

选择房地产开发项目产品模式时,需要考虑四个方面的定位,具体如图6-3所示。

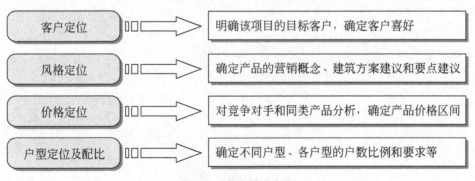

图6-3 产品模式定位

2.影响产品模式选择的因素

房地产项目在选择产品模式定位时，需要充分考虑影响产品模式选择的因素，具体如图6-4所示。

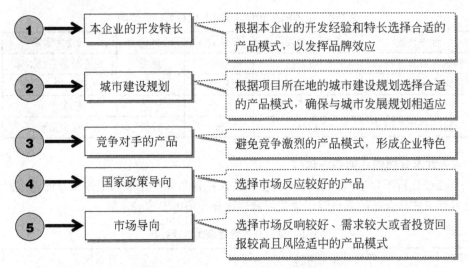

图6-4　影响产品模式选择的因素

第七章　开发项目确定

阅读提示：
　　房地产开发投资决策的核心就是对房地产企业开发项目投资的价值进行正确合理的评价，以确定项目是否可行。

关键词：
土地信息收集
土地信息甄别
发展项目确定

一、土地信息收集

土地信息的收集可通过图7-1所示的几种渠道进行。

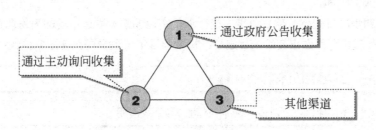

图7-1　土地信息的收集渠道

1.通过政府公告收集

从相关网站或工作人员处提前获得政府出让土地信息公告、土地交易中心进行的企业转让土地信息挂牌公告和法院拍卖土地信息公告、产权交易中心对拥有土地储备的企业进行转让的挂牌公告。

2.通过主动询问收集

通过主动询问收集是指主动了解各片区历史用地、行政划拨用地、农村工商发展用地和旧城改造的信息，关注并跟踪了解国土部门在报纸上公布的企业用地确权公告等。

3.其他渠道

其他渠道是指通过土地信息人来电、传真、约访、推介等渠道获得。

二、土地信息甄别

相关负责人了解到有效土地信息后填写《土地信息采集表》,并交由土地信息负责人汇总。房地产企业要不定期对各土地信息进行合议,根据公司土地储备要求对土地信息进行初步判断,会议由土地信息负责人记录并存档,会议结果报告项目发展部主管。

三、发展项目确定

通过初步判断的土地信息进入发展项目确定阶段,原则上应制定负责土地所在片区的市场拓展人员为项目负责人接管后续工作,并通过《土地信息采集表》的形式将土地情况及时向公司领导报告;未通过的信息由土地信息负责人填写判断意见,存入土地信息库,并统一答复信息提供人,此后由土地信息负责人对该项土地的后续成交情况或条件变化情况加以跟踪。

1. 初步项目定位

项目负责人根据项目情况,可通过谈判等了解该项目的背景资料,初步判断项目用地购买操作方式,资料汇总后提请法律室提供意见,最终做出项目用地购买操作方式的判断。

(1)初步项目定位。项目负责人进行项目实地勘察和周边市场的简易调查,根据市场情况和项目特点做出初步项目定位,初步项目定位至少需包含图7-2所示的内容。

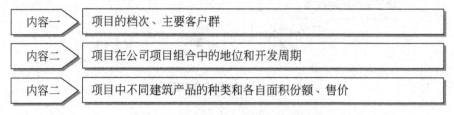

图7-2 初步项目定位需包含的内容

(2)特殊项目的处理。项目负责人可根据项目的特殊性与否,进行后续处理,具体如图7-3所示。

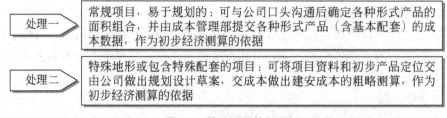

图7-3 特殊项目的处理

2.召开项目汇报会来确定

项目负责人根据项目情况,做出初步经济测算结果,综合项目谈判后确定的操作方式,形成简易的初步汇报,经部门内部评审后,申请召开公司内部的项目汇报会。项目汇报会是由公司领导和参与论证工作的各部门人员参加的、判断项目能否确定并进入可行性研究程序的评审会议,会议内容如图7-4所示。

内容一	项目汇报会初步报告包括项目简介、周边环境和市场介绍、未来发展趋势和市场定位、法律及获得方式分析、设计要点和相应成本分析、公司策略和开发周期、经济效益测算等
内容二	项目负责人需提前将项目初步报告发给与会人员,为保密起见,土地方情况和重要谈判条件不能涉及
内容三	项目负责人根据项目情况,可确定参加会议各专业部门的人员,须提前通知
内容四	会议首先由项目负责人做介绍,并确定主题由各专业部门进行讨论和论证,最后综合各部门意见
内容五	公司总经理最终决定项目是否进入可行性研究阶段,并根据各部门意见指导项目发展方向
内容六	项目经评审确定后,进入可行性研究阶段

图7-4 项目汇报会的内容

第八章 开发项目可行性研究

阅读提示：
在投资决策前，应对与项目有关的问题进行全面的分析、论证和评价，从而判断项目的可行性。

关键词：
可行性研究的步骤
可行性研究的内容
可行性研究的重点

一、可行性研究的步骤

可行性研究是房地产开发决策分析过程中的重要步骤，它是房地产开发项目在投资前的决策研究。通过对开发项目的全面分析、论证，多方案的比较和评价，从而保证其技术上可行、建造能力具备、环境允许、经济上合理、效益显著。可行性研究可按图8-1所示的五个步骤进行。

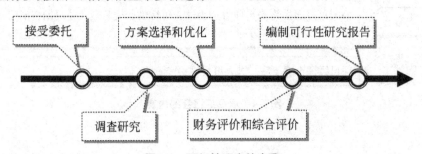

图8-1 可行性研究的步骤

1.接受委托

在项目建议被批准之后，开发商即可委托咨询评估公司对项目进行可行性研究。双方签订合同协议，明确规定可行性研究的工作范围、目标意图、进度安排、费用支付办法及协作方式等内容。承担单位接受委托时，应获得项目建议书和有关项目背景介绍资料，搞清楚委托者的目的和要求，明确研究内容，制订计划，并收集有关的基础资料、指标、规范、标准等基本数据。

2.调查研究

主要从市场调查和资源调查两方面进行。市场调查应查明和预测市场的供给和需求量、价格、竞争能力等，以便确定项目的经济规模和项目构成。资源调查包括建设地点、项目用地、交通运输条件、外围基础设施、环境保护、水文地质、气象等方面的调查,为下一步规划方案设计、技术经济分析提供准确的资料。

3. 方案选择和优化

根据项目建议书的要求,结合市场和资源调查,在收集到的资料和数据的基础上,建立若干可供选择的开发方案,进行反复的方案论证和比较,会同委托单位或部门明确方案选择的重大原则问题和优选标准,采用技术经济分析的方法,评选出合理的方案。研究论证项目在技术上的可行性,进一步确定项目规模、构成、开发进度。

4. 财务评价和综合评价

对经上述分析后所确定的最佳方案,在估算项目投资、成本、价格、收入等基础上,对方案进行详细财务评价和综合评价。研究论证项目在经济上的合理性和盈利能力,进一步提出资金筹措建议和项目实施总进度计划。

5. 编制可行性研究报告

经过上述分析与评价,即可编制详细的可行性研究报告,推荐一个以上的可行方案和实施计划,提出结论性意见、措施和建议,供决策者作为决策依据。

二、可行性研究的内容

对房地产项目的九个方面进行可行性分析后,需要撰写房地产开发项目可行性研究报告,作为项目立项审批及实施的重要指导资料。一份完整的房地产项目可行性研究报告应包括表8-1所示的内容。

表8-1 开发项目可行性研究报告内容

序号	类别	具体说明
1	房地产开发项目的背景状况	(1)国家宏观经济发展和运行状况 (2)开发项目所在城市和地区的经济发展和运行状况 (3)国家产业政策 (4)房地产市场供求情况
2	房地产开发项目的概况	(1)房地产开发项目的名称、开发单位名称 (2)房地产开发项目的地理位置(包括所在城市、区、街道、周围主要建筑物) (3)房地产开发项目所在的地区环境 (4)房地产开发项目的性质和主要特点(主要从××、商业、相关行业的现状及发展潜力、项目建设的时机和自然环境等方面说明项目建设的必要性和可行性) (5)房地产开发项目的社会经济意义 (6)可行性研究工作的目的、依据和范围

续表

序号	类别	具体说明
3	开发项目用地的现状调查及动迁安置	（1）土地调查。包括开发项目用地范围内的各类用地面积及使用单位等 （2）人口调查。包括开发项目用地范围内的总人口数、总户数，需动迁的人口数、户数等 （3）调查开发项目用地范围内的建筑物的种类，各种建筑物的数量及面积，需要动迁的建筑物种类、户数 （4）调查生产经营企业以及个体经营者的经营范围、占地面积、建筑面积、营业面积、职工人数、年营业额、年利润等 （5）各种市政管线。主要调查上水管线、雨水管线、污水管线、热力管线、燃气管线、电力电信管线的现状及规划目标和其可能实现的时间 （6）其他地上、地下物现状。开发项目用地范围内地下物调查了解的内容，包括水井、人防工程、各种管线等；地上物包括树木、植物等。开发项目用地范围一般要附平面示意图 （7）制订动迁计划 （8）确定安置方案。包括需要安置的总人数和户数，需要安置的各房屋套数和建筑面积，需要安置的劳动力人数等 （9）拆迁安置方案。包括需要安置的总人数和户数，需要安置的各房屋套数和建筑面积，需要安置的劳动力人数等
4	房地产开发项目的市场分析与建设规模的确定	（1）对市场供给状况的分析及预测 （2）对市场需求状况的分析及预测 （3）市场交易的数量与价格分析 （4）对房地产市场的容量、饱和率和饱和度的分析 （5）对市场占有率的预测 （6）对市场销售价格的预测 （7）销售对象的分析 （8）销售计划的制订 （9）未来市场变化对营销过程的影响 （10）拟建项目建设规模的确定
5	规划设计方案选择	（1）市政规划方案选择。市政设施的布置、来源、去路和走向 （2）项目构成和平面布置 （3）建筑规划方案选择。包括各单项工程的占地面积、建筑面积、层数、层高、房间布置、各种房间户型的数量、建筑面积等。附规划设计方案
6	环境影响和环境保护	（1）建设地区的环境现状 （2）主要污染源和污染物 （3）开发项目可能引起的周围生态变化 （4）设计采用的环境保护标准 （5）环境保护投资估算 （6）环境影响的评价结论和环境影响分析 （7）存在问题及建议

续表

序号	类别	具体说明
7	资源采购与供应	（1）本建筑材料（设备）的需要数量、采购方式、供应安排 （2）施工力量的组织安排 （3）项目建设施工期间的动力、水的供应 （4）工程竣工或投入使用后，上下水、电力、燃气、交通通信等供应和使用条件
8	项目开发组织机构和管理费用研究	（1）开发项目的管理机制 （2）管理人员的配备方案 （3）人员培训计划，年管理费用估算
9	开发建设计划	（1）前期开发计划。包括项目从立项、可行性研究、下达规模任务、征地拆迁、委托规划建设、取得开工许可证直至完成开工前准备等一系列工作计划 （2）工程建设计划。包括各个单项工程的开工、竣工时间，进度安排，市政工程的配套建设计划等 （3）建设场地的布置 （4）施工队伍的选择
10	资金筹集与供给方式	（1）根据所需资金总额确定资金筹集方式 （2）计算筹资成本 （3）科学地安排资金的投入顺序和时间 （4）保证资金的充足供应，防止资金的供应断档
11	房地产开发项目的成本估算	（1）土地征用费估算或概算 （2）拆迁安置费 （3）前期工程费 （4）房屋建筑安装费用 （5）基础设施费。建筑物2米以外红线以内的各种管线与道路工程等 （6）公共配套设施建设费用。按规划指标和实际工程量估算 （7）管理费用（可按上述6项的百分比估算） （8）财务费用（主要为贷款利息） （9）销售费用 （10）其他必要的支出 （11）不可预见费 （12）税费
12	房地产开发项目的财务评价	（1）房地产销售收入、租金收入、需要缴纳的各种税费、经营利润的预测 （2）贷款成本偿还以及贷欠与偿还的平衡计算 （3）现金流量分析 （4）财务平衡分析 （5）对项目建设规划设计、修改的费用预测 （6）项目建设期间原材料价格变化影响等因素的敏感性分析和相应的盈亏平衡分析

续表

序号	类别	具体说明
13	房地产开发项目的风险分析	（1）社会经济政策等各方面变动对房地产经营管理的影响 （2）在资源供应方面可能出现的由于不协调而形成的风险 （3）城市经济运行和房地产方面出现的变化可能引起的风险
14	项目安排	房地产开发项目开工日期、竣工日期和竣工验收初步安排
15	结论	（1）市场问题 （2）工程技术问题 （3）经济效益问题

三、可行性研究的重点

对房地产项目进行可行性研究，应抓住以下重点。

1. 地点选择与地块价值评价

房地产开发项目的地点选择和地块评价是对可供选择的地点以及地块的条件和价值进行分析比较与评价。分析评价内容如图8-2所示。

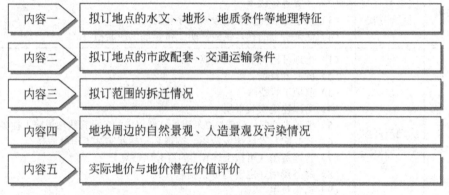

图8-2 分析评价内容

2. 资金筹措的分析

制订可靠或比较可靠的资金筹措计划，是开发项目实现预期目标的基本条件，是避免项目流产或夭折的根本保证，必须高度重视，周密策划。凡在资金筹措无望的情况下，不必开展深度可行性研究。资金筹措计划主要是就项目投资的资金来源进行分析，包括自有资金、贷款和预售收入三部分。当资金来源中包括预售收入时，应有销售收入计划配合考虑。

3. 财务评价

房地产开发项目财务评价有静态法和动态法两种。对规模小、周期短的项目，可采用静态法。对规模较大、周期较长或资金来源渠道多、收支复杂或滚动开发的项目，应采取动态法。

（1）静态法。静态法是通过投资项目的总收入和总费用之间的比较，来计算开发项目的盈利和投资回报率数值，以此计算与同类房地产开发项目正常回报率相比较，以分析评价其经济合理性。静态法的评价指标有净利润投资收益率和静态投资回收期。

（2）动态法。动态法财务盈利能力分析，一般应以表8-2所示指标进行。

表8-2 动态法财务盈利能力分析指标

序号	指标	指标说明
1	财务净现值	财务净现值是指按行业的基准收益率或设计的折现率ic，将项目经营周期内各年净现金流量折现到建设初期的现值之和，它是考察项目在经营周期内盈利能力的动态评价指标，其值可根据财务现金流量表计算求得。判别标准为FNPV≥0时项目可行；FNPV＜0时项目不可行
2	财务内部收益率	财务内部收益率是指项目在整个经营期内各年净现金流量累计等于零时的折现率，是考察项目盈利能力的主要动态评价指标。判别标准为：FIRR≥ic时即认为盈利能力已满足最低要求，项目可行；FIRR＜ic时，项目不可行
3	财务净现值率	财务净现值率是项目单位投资现值所获得的净现值，其值越大表明项目投资效益越好
4	动态投资回收期	动态投资回收期是按现值法计算的投资回收期，可直接从财务现金流量表求得

4. 不确定性分析

项目评价所采用的数据，由于多来自预测和估算，有一定程度的不确定性，为分析不确定因素对财务评价指标的影响需进行不确定性分析，以估计项目可能承担的风险，以论证开发项目在经济上的可靠性。不确定性分析包括盈亏平衡分析、敏感性分析和概率分析，具体内容如图8-3所示。

分析一　　盈亏平衡分析

> 盈亏平衡分析是通过盈亏平衡点BFP分析项目成本与收益的平衡关系。当影响投资效果的变化因素达到某一临界值时，方案的收入与支出相平衡，此时方案既不盈利也不亏本，此临界值即为盈利平衡点

图8-3

分析二 敏感性分析

> 敏感性分析是通过分析、预测项目主要因素（如成本、价格、销售周期等因素）发生变化时对财务评价指标的影响，从中找出敏感因素和极限变化幅度

分析三 概率分析

> 概率分析的目的在于用概率研究预测各种不确定性因素和风险因素对项目评价指标可能发生的影响。一般是计算项目净值的期望值及净现值大于或等于零时的累计概率，累计概率越大，说明项目承担的风险越小

图8-3　不确定性分析的内容

四、可行性研究报告

可行性研究的结果应有书面的报告，其内容描述如下。

1. 封面

封面要能反映评估项目的名称、谁做的评估及可行性研究报告写作时间。

2. 摘要

摘要要用简洁的语言，介绍被评估项目所处地区的市场情况、项目本身的情况和特点、评估的结论。文字要字斟句酌，言必达意，绝对不能有废词冗句，字数以不超过1000字为宜。

3. 目录

目录是研究报告各要点的集合，方便读者阅读。

4. 正文

正文是可行性研究报告的主体，要按照逻辑的顺序，从总体到细节循序进行。一般包括：项目总说明、项目概况、投资环境研究、市场研究、项目地理环境和附近地区竞争性发展项目、规划方案及建设条件、建设方式与进度安排、投资估算及资金筹措、项目评估基础数据的预测和选定、项目经济效益评价、风险分析和结论与建议十二个方面。

5. 附表

附表是正文中不便于插入的较大型表格。一般包括：项目工程进度计划表、项目投资估算表、投资计划和资金筹措表、项目销售计划表、项目销售收入测算表、财务现金流量表、资金来源与运用表、贷款还本付息估算表和敏感性分析表。

6.附图

附图一般包括项目位置示意图、项目规划用地红线图、建筑设计方案平面图等。下面提供一份房地产项目可行性报告正文的范例,仅供参考。

××楼盘项目可行性研究报告

目录

(略)

一、项目决策背景及摘要

(一)外部因素(略)

(二)内部因素(略)

二、项目概况

(一)宗地位置

××项目位于××市西北的××区,地块距市中心9.6公里,距××火车站7公里,距××机场18公里,包括××地块与××地块,两地块之间相距约4公里。

(二)宗地现状(略)

(三)项目周边的社区配套

(1)周边有包括高等级××大道在内的多条重要通道,包括:××国道、××高速公路、××市中环路、××市外环路、××机场高速公路、××铁路、××航线。

(2)现有两路大巴、1路中巴经过地块,区政府已承诺增加引进公交巴士数量。

(3)同时附近的××花园目前已有7路大巴到达市内各区域。

(4)此外,××市十五规划地铁一期工程的起点就设在附近的××花园内,届时将可以借用。

(5)地块周边(包括××花园内)的配套情况。(略)

(四)项目周边环境

项目所在地隶属××生态旅游度假区,区内风景优美、空气清新,保持着良好的自然生态。

(五)大市政配套

目前××地块,除煤气外,水电、电讯、网络都已配套完毕;相关的配套管线埋设在地块周边。

（六）规划控制要点（略）

（七）土地价格（略）

（八）土地升值潜力初步评估（略）

（九）立即开发与作为土地储备优缺点分析

××房地产市场正处在上升期，根据消费需求意向调查显示及市场楼盘供应情况，××市民已能接受郊区居住模式，大量的人口向郊区转移，立即开发，可以及时占领市场，延缓开发则会错过占领市场的最好机会。××地块周围配套暂时不够完善，拟作为短期储备，两年后开发。

三、法律及政策性风险分析

（一）项目用地法律手续现状（略）

（二）合作方式及风险评估（略）

（三）合作风险控制（略）

（四）总体评价（略）

四、市场分析

（一）总体市场简述（略）

（二）××区住宅市场成长状况（略）

（三）区内主要竞争楼盘分析（略）

五、规划设计初步分析

（一）规划设计的可行性分析

我们将把本项目开发为融入房地产开发经验、先进的居住理念、风光优美的滨湖住宅，成为××镇最适合人居住的国家康居示范小区，引导××的居住文化、模式进入新的阶段。并以此项目为起点，在××进行大规模住宅开发。

（1）××大道是开发区新建的城市综合性主干道，东接××高速，向西直通××国道，路面为双向6车道，各种市政管线已一次敷设到位，具有较好的市政配套设施。一期开发地块北边界紧邻××大道，中间规划有100米宽的绿化隔离带，可有效屏蔽各种污染，并易于组织人车流线，还可缩短区内道路和各种市政管线的接驳距离，有效节省建设投资。

（2）拟开发地块距××花园（占地4000亩，××市已成规模的小区）不到3公里，根据已做的市场调研分析报告及××花园的入住率看，××市民已基本上形成了居住在城郊结合部的居家观念。该地块附近已推出的××花园、××花园，是目前××市较大规模的中高档住宅。因此我公司拟借助周边楼盘已形成的人气，在此区域内推出高品质中档住宅，满足不同客户的需求。

（3）××大道在该地块内尚没有影响小区景观的各类因素，因而我们小区能够通过规划设计控制沿××大道的街景立面，创造良好的城市景观及小区外部视觉形象，创造居住气氛，提供良好的销售环境，然后向南分期分批逐步开发。

（4）临街拟规划配套公建及会所，使其不仅满足小区内居民的需要，而且服务于社会，以提高配套公建的使用效率，并于开发前期聚集人气。

（5）在一期开发部分拟以6层的多层为主。户型配置根据现有市场调查情况，以较为好卖的三房110～130平方米、二房80～90平方米为主，尽量多样化，待销售后看市场反应，进行调整。户型设计拟通过样板间的展示引导××的客户，成功后再在后期推广。

（6）在景观设计中充分利用现有的××的水景资源及自然风光，丰富人文环境，做到自然与人文并举，创造生态型的人文环境。

（7）由于小区的规模较大，在物业管理上通过总体规划布局形成以半开敞半封闭的小区道路将小区划分为各个居住组团，以组团为单位进行封闭式管理的居住模式。

（二）建议规划设计要点

1. 建筑形式

色彩明快的现代建筑风格，以4～6层的住宅为主，辅以部分联排别墅。各组团的建筑风格统一，通过色彩的变化和局部的立面变化增加可识别性。

2. 景观设计

园林设计将配合建筑设计的平面布局和地形特征，使户外景观与建筑空间有机地融为一体，使住户不管在地面还是在楼上，均可欣赏到优美的景观。

环境的设计对私人空间、半私人空间和公共空间将进行不同的处理。每个组团形成主题空间，各主题空间将设有与主题相关的花园、喷泉或雕塑，并设花架和座椅，供户外休憩用。此外，各主题花园的布局或设计将充分考虑人流、景观及噪声等各方面因素。

（三）户型比、户型面积（略）

（四）交通组织（略）

六、工程及销售计划（略）

七、财务分析与评价（略）

八、管理资源配置（略）

九、综合分析与建议

（一）项目优势

（1）××整体住宅开发水平相对落后，缺乏竞争力，而我们可以融入专业开发经验和资源及品牌,塑造优质住宅。

(2)由于经济适用房的过度开发以及土地出让的不规范,××的房价长期处在与经济发展水平不相符的低价位,目前正向合理水平回升,目前进驻,将可以抓住机会,创立品牌,利于在今后占领市场。

(3)产品定位为大规模、高品质的中档住宅,准确地弥补××区域的市场空当。

(4)拿地方式上充分利用品牌、商誉,采取与政府合作,法律风险低。

(5)景观优势。项目处于××度假生态区内,滨湖、风景优美。

(6)项目所处的××区是××规划的重点建设新经济增长带及城市改造、导入旧城区人口的区域。

(7)政府希望借开发带动区域发展,对进驻非常欢迎和支持,在税务、规划方面给予优惠。

(8)××花园的开发启动了××区域人气,使××人接受了城郊居住的模式。

(二)项目劣势

(1)在已开发过项目的城市甚至××均有很强的品牌号召力,但在××市还未被客户和政府认可。

(2)初期由于距离偏远、公交少,需要造势,加大宣传。

(3)××花园凭借完备的交通、成熟的社区及将来地铁开通,将成为我们强劲的竞争对手。

(4)首次开发"湖景"楼盘,需要新思路。

十、结论及建议

本项目具有"相对专业优势"和"市场产品空缺"及"滨湖风光"这三大优势,十分难得。从市场和投资回报角度分析,都是可行的。建议准予立项。

能够发挥出开发的专业水准并在此基础上创造性地规划、营销和施工组织,保持创新,是我们克服各种劣势条件、与周边楼盘竞争并取得成功的关键。

第九章　开发项目市场定位

阅读提示：
对于房地产企业来说，市场定位决定了一个开发项目的成败，准确的市场定位是房地产项目开发和经营成功的前提。

关键词：
市场细分
目标市场选择
市场定位

一、房地产市场细分

只有通过专业的市场调查，充分了解了客户的购房需求，才能把握市场需求；只有在项目建设之初准确地进行市场细分，按照选定的目标客户群去设计产品、营销产品，才能取得项目的成功。

1. 房地产市场细分的含义

所谓市场细分是指营销者通过市场调研，依据消费者的需要、欲望、购买行为和购买习惯等方面的差异，把某一产品的市场整体划分为若干消费者群的市场分类过程。每一个消费者群就是一个细分市场，每一个细分市场都是具有类似需求倾向的消费者构成的群体。

2. 房地产市场细分的标准

市场细分理论首先明确的是某单一的消费者群，选择的往往不仅是产品的单一特性，而且是产品特性的组合。对于房地产企业而言，特定的产品不是仅满足某单一的消费者，而是满足某一范围的消费者群。作为个体，消费者的需求层次主要是由其社会和经济背景决定的，因此对消费者的细分，也即是对其社会和经济背景所牵涉的因素进行细分。

其细分标准如表9-1所示。

3. 市场细分的步骤

房地产市场也属于消费品市场，但又不同于一般日常的消费品，它具有投资额大、使用期长的特点，因此做市场细分也有自己的特点。美国市场学家麦卡锡提出细分市场的一整套程序，包括7个步骤，具体如图9-1所示。

表9-1 房地产市场细分标准

细分标准		细分市场
地理因素	城市规模	特大城市、大城市、中等城市、小城市
	区位地段	市中心、次中心、城郊、卫星城区
产品用途	居住 档次	低档、中档、高档、别墅
	居住 房型	×房×厅×卫×阳台
	居住 层数	多层、小高层、高层
	商用	商场、酒店、宾馆
	写字楼	甲级、乙级、丙级
	厂房	
购房动机		求名、求新、求美、求廉、求实、求便等
购房群体	经济地位	高收入、中等收入、低收入
	社会地位	农民、工薪人士、个体户、中高级管理人员
	年龄周期	青年、中年、老年
	家庭结构	单身、三口之家、大家庭等

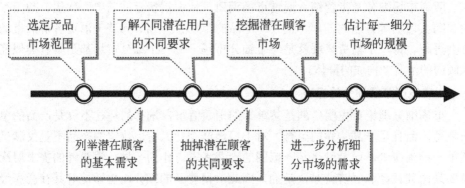

图9-1 市场细分的一般程序

（1）选定产品市场范围。即确定进入什么行业，生产什么产品。产品市场范围应以顾客的需求，而不是产品本身特性来确定。

比如，某一房地产公司打算在乡间建造一幢简朴的住宅，若只考虑产品特征，该公司可能认为这幢住宅的出租对象是低收入顾客，但从市场需求角度看，高收入者也可能是这幢住宅的潜在顾客。因为高收入者在住腻了高楼大厦之后，恰恰可能向往乡间的清静，从而可能成为这种住宅的顾客。

（2）列举潜在顾客的基本需求。房地产企业可以通过调查，了解潜在消费者对前述住宅的基本需求。这些需求可能包括：遮风避雨，安全、方便、宁静，设计合理，室内陈设完备，工程质量好等。

（3）了解不同潜在用户的不同要求。对于列举出来的基本需求，不同顾客强调的侧重点可能会存在差异。

比如，经济、安全、遮风避雨是所有顾客共同强调的，但有的用户可能特别重视生活的方便，另外一类用户则对环境的安静、内部装修等有很高的要求。通过这种差异比较，不同的顾客群体即可初步被识别出来。

（4）抽掉潜在顾客的共同要求。这是指以特殊需求作为细分标准。上述所列购房的共同要求固然重要，但不能作为市场细分的基础。如遮风避雨、安全是每位用户的要求，就不能作为细分市场的标准，因而应该剔出。

（5）挖掘潜在顾客市场。根据潜在顾客基本需求上的差异方面，将其划分为不同的群体或子市场，并赋予每一子市场一定的名称。

比如，某房地产公司把购房的顾客分为好动者、老成者、新婚者、度假者等多个子市场，并据此采用不同的营销策略。

（6）进一步分析细分市场的需求。进一步分析每一细分市场需求与购买行为特点，并分析其原因，以便在此基础上决定是否可以对这些细分出来的市场进行合并，或作进一步细分。

（7）估计每一细分市场的规模。即在调查基础上，估计每一细分市场的顾客数量、购买频率、平均每次的购买数量等，并对细分市场上产品竞争状况及发展趋势作出分析。

4. 市场细分的方式

按不同的方式，可将房地产细分为不同的市场，具体如表9-2所示。

表9-2 房地产市场细分的方式

序号	细分方式	具体说明
1	按地域细分	最常见的是按城市划分，还可按照城市内的某一个具体区域划分，也可按省或自治区所辖的地域划分。市场所包括的地域范围越大，其研究的深度就越浅，研究成果对房地产投资者的实际意义也就越小
2	按用途细分	可分为居住物业市场（含普通住宅、别墅、公寓市场等）、商业物业市场（写字楼、零售商场或店铺、休闲旅游设施、酒店市场等）、工业物业市场（标准工业厂房、高新技术产业用房、研究与发展用房、工业写字楼、仓储用房等市场）、特殊物业市场、土地市场等

续表

序号	细分方式	具体说明
3	按存量增量细分	按存量增量细分，可分为一级市场（出让市场）、二级市场（土地转让、新建商品房租售市场）、三级市场（存量房地产交易市场）
4	按交易形式细分	可分为房地产买卖、房地产租赁和房地产抵押市场
5	按目标市场细分	可将某种物业类型按其建造标准或价格水平，细分为低档、中低档、中档、中高档和高档物业市场；也可以按照目标市场的群体特征进行细分

二、目标市场的选择

市场细分的最终目的是为了选择和确定目标市场。房地产企业的一切市场营销活动，都是围绕目标市场进行的。

1. 目标市场选择的意义

目标市场是指在市场细分的基础上，房地产企业要进入并准备为之服务的最佳细分市场。目标市场选择的是否准确关系到房地产企业经营的成败，对企业参与市场竞争具有重要的意义，具体如图9-2所示。

意义一：关系到企业战略的制定和实施。选择和确定目标市场，明确企业的具体服务对象，是企业制定市场营销战略的首要内容和基本出发点

意义二：并非所有的细分市场对企业都有利可图，只有那些和企业资源条件相适应的细分市场对企业才具有较强的吸引力

意义三：消费需求越来越个性化，市场需求越来越复杂和多样化，企业的经营范围不可能满足全部市场需要，必须科学地进行细分和选择市场，才能实现更有效的发展

图9-2 目标市场选择的意义

2. 确定目标市场的原则

目标市场就是房地产企业决定进入的那个市场，即企业经过市场细分，以及对细分市场评估以后，决定以相应的商品和服务去满足那种特定需要和服务的顾客群。确定目标市场应遵循图9-3所示的原则。

原则一 产品、市场和技术的相关性原则

企业所选择的目标市场,应能充分发挥企业的技术特长,生产符合目标市场需求的产品。如果细分市场不能使企业的技术和产品优势发挥到最大程度,则一般不宜选择

原则二 发挥企业的竞争优势

即应选择能够突出和发挥企业特长的细分市场作为目标市场。这样才能利用企业相对竞争优势,在竞争中处于有利的地位

原则三 与原有业务相乘相长的效应

新确定的目标市场不能对企业原有的产品带来消极的影响。新、老产品要能互相促进,同时扩大销售量和提高市场占有率,使企业获得更好更多的经济效益

图9-3 确定目标市场的原则

3.目标市场选择的条件

房地产企业是在市场细分的基础上决定要进入的市场,在选择目标市场时要符合图9-4所示的条件。

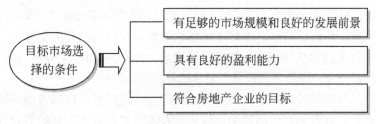

图9-4 目标市场选择的条件

4.确定目标市场的策略

在市场细分的基础上,房地产企业无论采取什么策略,也无论选择几个细分市场,所确定、选择的目标市场必须具有最大潜力,能为自己带来最大利润。因此,在确定目标市场时,可按图9-5所示的策略进行。

(1)无差异市场营销策略。无差异市场营销策略就是房地产企业不考虑细分市场的差异性,把整体市场作为目标市场,对所有的消费者只提供一种产品,采用单一市场营销组合的目标市场策略。

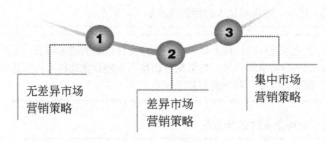

图9-5 确定目标市场的策略

无差异市场营销策略适用于少数消费者需求同质的产品；消费者需求广泛，能够大量生产、大量销售的产品。

采用无差异市场策略的企业一般具有大规模，单一、连续的生产线，拥有广泛或大众化的分销渠道，并能开展强有力的促销活动。其优缺点如图9-6所示。

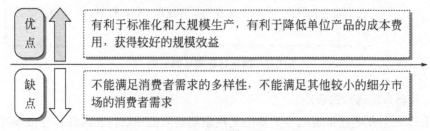

图9-6 无差异市场营销策略的优缺点

在现代市场营销实践中，无差异市场营销策略实际被采用的不多。

（2）差异市场营销策略。差异市场营销策略是在市场细分的基础上，房地产企业以两个以上乃至全部细分市场为目标市场，分别为之设计不同产品，采取不同的市场营销组合，满足不同消费者需求的目标市场策略。

差异市场营销策略适用于大多数异质的产品。采用差异市场营销策略的企业一般是大企业，有较为雄厚的财力、较强的技术力量和素质较高的管理人员，是实行差异市场营销策略的必要条件。其优缺点如图9-7所示。

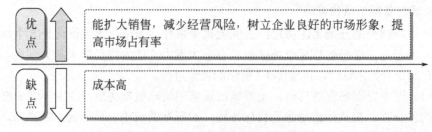

图9-7 差异市场营销策略的优缺点

（3）集中市场营销策略。集中市场营销策略是指房地产企业以一个细分市场为目标市场，集中力量，实行专业化生产和经营的目标市场策略。

集中市场营销策略主要适用资源有限的中小企业或是初次进入新市场的大企业。实行集中市场营销策略是中小企业变劣势为优势的最佳选择。其优缺点如图9-8所示。

目标市场集中，有助于了解目标市场的消费者需求，提高企业和产品在市场上的知名度；有利于企业集中资源，节约生产成本和各种费用，增加盈利

企业潜伏着较大的经营风险。一旦市场出现诸如较强大的竞争者加入、消费者需求的突然变化等，企业就会陷入困境

图9-8 集中市场营销策略的优缺点

策划利剑

采用集中市场营销策略的企业，要随时密切关注市场动向，充分考虑企业对未来可能意外情况下的各种对策和应急措施。

5.目标市场选择的模式

开发商要对选择进入哪些目标市场或为多少个目标市场服务做出决策。常见的可供房地产开发商选择的目标市场模式有图9-9所示的五种。

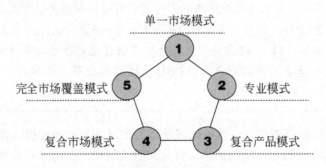

图9-9 目标市场选择的模式

（1）单一市场模式。此模式指房地产开发企业选择一个目标市场集中营销。

（2）专业模式。房地产开发企业选择若干个目标市场，其中每个目标市场在客观上都具有吸引力，而且符合开发商的目标和资源。

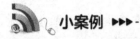 **小案例** ▶▶▶

　　北京SOHO公司，通过市场细分，选择了其中的两个目标市场，该公司集中有限的资源先后为北京的居家办公的目标市场开发了SOHO现代城，为金领人士组成的目标市场在海南开发了高档海景别墅。

　　（3）复合产品模式。此模式是指房地产开发商集中开发一种类型的物业产品，并向多个目标市场的客户群体销售这种产品。

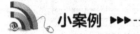 **小案例** ▶▶▶

　　北京市天创房地产开发公司精心打造天缘公寓（高层住宅项目），该项目位于北京市西城区白纸坊和西二环交会口，项目总建筑面积7万平方米，公寓的户型面积从75平方米至193平方米，涵盖了二室二厅、三室二厅、四室二厅等多种规格，开发商力图通过该物业的开发建设来满足不同目标市场（小康型住宅需求群体、富裕型住宅需求群体、豪华享受住宅需求群体）的需求。

　　但是，将不同的目标客户群体安排在同一物业内显然无法满足这些目标群体的个性化需求，开发商在选用此模式时要慎重。

　　（4）复合市场模式。复合市场模式是指开发商专门为了满足某个目标客户群体的各种主要需求而开发物业。

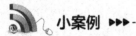 **小案例** ▶▶▶

　　位于南京新街口中央商务区的标志性建筑天安国际大厦，它的目标客户群体定位在南京CBD办公的白领阶层，该项目的1~8层为大洋百货公司，9~13层为高档写字楼，14~42层是公寓，开发商通过在一个楼盘中开发不同类型的物业，较好地满足了南京新街口CBD区域内的白领人士购物、餐饮娱乐、办公、居住等各种需求。

　　（5）完全市场覆盖模式。这种模式是指房地产开发商通过投资开发各种类型的物业来满足各种目标市场的需求。只有大型的房地产公司才有采用完全市场覆盖战略。

　　比如，香港的房地产公司纷纷渗透到内地房地产市场，除了早期局限于开发大型楼盘项目和商业地产外,纷纷染指住宅项目,从而完成房地产各个产品业态的完全市场覆盖。

三、市场定位

房地产项目的市场定位是指根据目标市场的需求特征对项目产品特征做出的具体规定。房地产企业市场定位的好坏决定了企业发展的成败,因此通过准确地定位,房地产企业才能取得更高的效益。

1. 市场定位的含义

市场定位是指企业根据竞争者现有产品在市场上所处的位置,针对顾客对该类产品某些特征或属性的重视程度,为本企业产品塑造与众不同的、给人印象鲜明的形象,并将这种形象生动地传递给顾客,从而使该产品在市场上确定适当的位置。

房地产市场定位是指企业针对潜在顾客的心理进行营销设计,创立产品、品牌或企业在目标客户心目中的某种形象或某种个性特征,保留深刻的印象和独特的位置,从而取得竞争优势。简而言之,就是在客户心目中树立独特的形象。

2. 市场定位的分类

市场定位可分为图9-10所示的两类。

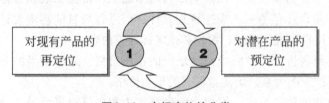

图9-10 市场定位的分类

(1)现有产品的再定位。对现有产品的再定位可能导致产品名称、价格和包装的改变,但是这些外表变化的目的是为了保证产品在潜在消费者的心目中留下值得购买的形象。

(2)对潜在产品的预定位。对潜在产品的预定位,要求营销者必须从零开始,使产品特色确实符合所选择的目标市场。房地产企业在进行市场定位时,一方面要了解竞争对手的产品具有何种特色,另一方面要研究消费者对该产品的各种属性的重视程度,然后根据这两方面进行分析,再选定本公司产品的特色和独特形象。

3. 市场定位的内容

市场定位是项目策划的核心,起着重要的引领作用,更是事关项目销售业绩好坏的关键因素。房地产开发项目市场定位的内容主要包括图9-11所示的几个方面。

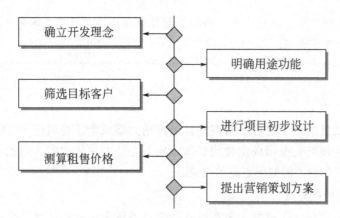

图9-11 市场定位的内容

(1)确立开发理念。基于企业的价值观,为体现企业文化,发挥企业的竞争优势,确定开发的指导思想和经营模式,使得项目定位有利于企业的长久发展,有利于品牌建设。

(2)明确用途功能。在市场定位时应根据城市规划限制条件,按照最佳最优利用原则确定开发类型,对土地资源进行综合利用,充分挖掘土地潜能。

(3)筛选目标客户。在市场调查的基础上,以有效需求为导向,初步确定项目的目标客户,分析其消费能力,为产品定位和价格定位做好基础工作。

(4)进行项目初步设计。在市场资料的基础上,根据土地和目标客户的具体情况,编制初步设计任务书,委托规划设计部门进行项目的初步设计,进一步确定建筑风格、结构形式、房型、面积和建筑标准等内容。

(5)测算租售价格。参照类似房地产的市场价格,运用适当的方法,综合考虑房地产价格的影响因素,确定本项目的租售价格。

(6)提出营销策划方案。根据企业经济实力和项目投资流量,分析和选择适当的入市时机,充分考虑风险和利益的辩证关系,提出可行的营销策划方案,保证项目的顺利进行。

4. 市场定位的形式

定位就是对具体的房地产开发项目在详细的房地产市场调研和分析的基础上,有目的性、有选择性、有针对性地选定目标市场,确定消费群体,明确项目档次,设计建设标准。一般来说,房地产市场定位的形式有图9-12所示的四种。

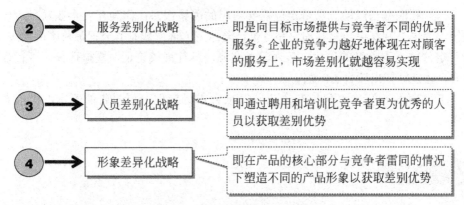

图9-12 房地产市场定位的形式

5. 市场定位需注意的问题

项目定位最主要的是要根据自身条件建出适销对路的产品,定位不是唯一的,可行性很多,图9-13所示的几点必须充分考虑,才能做出最优选择。

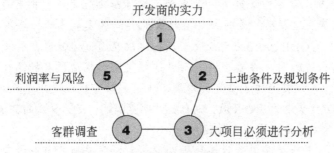

图9-13 项目定位需要注意的问题

(1) 开发商的实力。开发商的实力,包括资金、人才、经验等。作为资金实力,在房地产开发中被普遍认同,但人才、开发经验等其他因素的考虑还没有被众多开发企业所重视。

(2) 土地条件及规划条件。在考虑土地自身条件的优劣势后,地块的一些规划条件必须充分考虑,在条件允许的情况下,进行合理调整。

(3) 大项目必须进行分析。很多开发企业普遍认为宏观经济的发展与宏观经济的分析离自身项目很远,与自己项目的相关性不大。但大型开发项目周期至少需要三年以上的时间,那么整体宏观经济的运行和发展对项目的影响是非常大的,也是开发企业在项目定位时必须充分考虑的重要方面。

(4) 客群调查。目前普遍应用的问卷微观调查方法并不完全适合客户需求的调研判断,"与客户接触"交流的结果才是最有效最直接的判断基础。

（5）利润率与风险。项目定位需要考虑的因素很多，作为开发企业项目运作最核心的单方利润率、总利润率和资金风险这三方面问题是其公司最机密的问题。项目定位关系到项目的生死，必须深入交流，进行规模论证，模拟选择，可行性研究，才能够作出项目的定位。

下面提供一份××房地产企业开发项目市场定位分析报告的范本，供读者参考。

××房地产企业开发项目市场定位分析报告

一、项目区域宏观背景分析

1. 项目所在行政区域背景分析及前景预判

××区位于××市区西北郊的××山下，××江畔，面积753平方公里，人口63万，常住人口31万。隶属于××主城九区之一，拥有自然生态和人文历史优势。近年来，借助××直辖和北部新区发展迅速，今年GDP突破300亿元，人均GDP也达3万元以上。区内水陆交通通达性好，不仅有××航道、××线和国道××穿越全境，而且连接主城和周边区县的高速遍布。在十三五期间，××将通过幸福××建设，让××城市地位提升，产业升级，收入激增，环境优势潜力开始释放，居住品质明显提高，成为真正的都市花园。

2. 项目区域房地产市场发展预判

从××市土地交易中心数据分析发现，××区房地产行业投资占固定资产比一直低于全市平均水平，住房成交平均价格和主城其他区平均价格仍有1000元左右差距。受国家房产调控政策外部环境影响因素加大，但鉴于本区土地价格优势和区位优势明显，本区域房地产市场仍有较大的空间未释放出来，提升空间巨大。

二、项目本体分析

1. 项目简介

××项目，××山600亩北美湖山雅墅，由××公司开发建设。位于××城××区××大道东侧，背靠国家AAAA级旅游风景区××山，面向300亩天然××湖。总用地面积约600亩（其中住宅面积约400亩），总建筑面积约14.9万平方米，综合容积率仅为0.56。项目共分为三期开发，均采用北美原味乡村风格打造。首期亮相的一期产品，约129套联排住宅，户型面积约181.9～284.9平方米。每套均赠送阔绰前庭后院及地下私享会所，局部赠送面积可达两层,真正实现了联排独栋化设计产品的全面升级。××项目配套设施完善,周边紧邻××风情步行街、轻轨6号线××广场站、××温泉酒店、××山健身梯道、××体育中心等诸多市政配套,而且自身还拥有独立商业街区、超大小区会所、临湖公园、原生林地等重要景观配套资源。除此之外,项目距离××商圈及机场也仅需15~20分钟的车程,让您真正感受到背靠繁华、畅享宁静的品质居家生活。

2. 市场分析

(1) 项目优势。项目地处××主城九区之一的××区,与北部新区紧密相连,是××未来主要发展方向。

区域对外交通优势明显,连接××老城区,车行仅十分钟左右。东面10公里左右连接××主城的××大桥,连接××与××,是下一步规划路线。从××高速路口下道,沿××方向,路经××大道,到项目仅2公里,离××立交仅4~5公里。已经开通的轨道交通六号线直接连接××主城和××,为项目提供了良好的发展机遇。

(2) 地块优势。××项目位于××城南新区××大道东侧,背靠国家AAAA级旅游风景区××山,面向300亩天然××。地形高低起伏有致,为特色产品打造提供了较好的条件。项目具有一定的规模,总用地面积约600亩(其中住宅面积约400亩),总建筑面积约14.9万平方米,综合容积率仅为0.56。项目共分为三期开发,均采用北美原味乡村风格打造。

(3) 教育产业优势。项目所在区域内富集了××大学、××附中、××附小、附幼等领衔的大中小幼各层次的、在全市全国处于一流办学水平的学校。教育水平和产业优势明显。

(4) 环境优势。项目区域被誉为××的后花园,空气清新,环境优美,具有比主城中心更高的居住舒适度。

(5) 旅游资源丰富。××区周围素有"××市的后花园"之美誉,旅游资源丰富。区内有××山、××温泉、××峡等自然和人文优势资源。

(6) 区域市场形象优势。××区发展规划为高尚居住区以及大型知名房企项目在周边高品质住宅开发(龙湖地产、中国铁建、鲁商集团),给所在项目区域定位了良好的市场形象。

3. 项目劣势

(1) 距离劣势。项目距离中心城区距离较远,加之公交系统配套目前不完善,导致心理抗性大。

(2) 配套匮乏。项目周边生活配套设施严重不足。

4.项目机会

（1）依托城市发展。项目区域的交通、配套条件将随着开发的深入不断成熟，对未来会有良好预期；依托城市对外的发展，××具备水路、陆路交通优势，未来具备很强的对外辐射能力。

（2）依托新区市场。项目紧邻的××城南新区已经形成中高端住宅聚集区，占据了××中高端市场半壁江山，项目有机会依托其区域影响力拓展市场。

项目与××项目很近，在市场关注××项目时，也可以借势宣传，并可以有相应的卖点形成。

（3）差异定位。周边项目产品跨度大、开发水平参差不齐，虽高档楼盘居多，但没有特色项目出现，对于本项目是发展的机会。

5.项目风险

（1）竞争风险。竞争区域产品供应同质且供应量大，客户争夺将异常激烈；区域内竞争产品在规模、品牌、配套、资源上大都为市场上的领先者，项目面临品牌重压与产品突围的双重使命。

（2）区域认同风险。××都市发展商圈在市场认知和认同度上与主城其他商圈以及北部新区尚有差距，特别是在区域经济发展和未来发展方面。

6.SWOT总结陈述

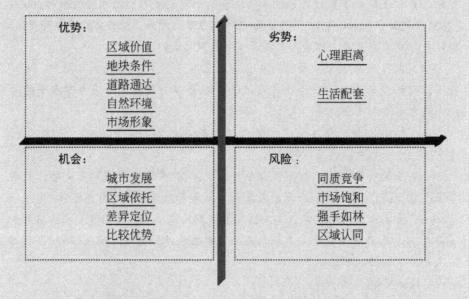

三、竞争项目对比分析

通过对项目所在区房产分类，本房产项目定位为高端住宅区。于是把不同区域（城南新区、城北新区、××组团、××中的别墅项目）中的相关项进行分析。其中，根据市场调研和政府规划分析，把区域形象、居住环境、生活商业配套、交通配套、发展潜力、品牌认同等分为三个等级。

四、客户分析

略。

五、项目市场定位的确定

项目区域为城南新区，市场定位为高端住宅区。

项目定位为别墅区，吸引客户为100万元收入以上人群。

项目市场定位为主城九区，特别为北部新区和××区。

第三部分
房地产项目分类策划方案

房地产项目策划是一项基于市场情况，为房地产项目从项目定位、产品设计到营销定位、推广、销售等一系列工作提供合理化建议和策略以及具体执行，根据市场、产品以及销售要求，根据项目不同阶段、不同情况提供不同的解决方案，是一项综合性很强的工作。

第十章　住宅小区项目策划

阅读提示：
对住宅小区的策划和定位，要有一定的前瞻性，使该小区建成后能适应所在区域的发展。

关键词：
容积率
公共设施
楼层用途

一、住宅小区的特点

住宅小区也称"居住小区"，是由城市道路以及自然支线（如河流）划分，并不为交通干道所穿越的完整居住地段。住宅小区一般设置一整套可满足居民日常生活需要的基层专业服务设施和管理机构。

住宅小区就其个性而言有图10-1所示的特点。

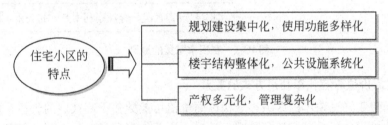

图10-1　住宅小区的特点

二、住宅小区容积率配置

容积率又称建筑面积毛密度，是指一个小区的地上总建筑面积与用地面积的比率。对于开发商来说，容积率决定地价成本在房屋中占的比例；而对于住户来说，容积率直接涉及居住的舒适度。

同样一块土地，因为目的的不同，可能导致不同的容积率利用方式。

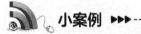

小案例 ▶▶▶

在北京市有块面积5000平方米的住宅用地，分别由不同的人进行产品定位，有的人可能会尽量节约和控制一楼面积，采用开放设计，塑造单栋高层建筑，以创造高层空间价值；有的人可能会将可建总建筑面积用于低矮楼层，规划矮胖型建筑物，一方面把握临街店面商业价值，一方面节省建设成本；有的人可能规划数栋建筑，高矮参差，既能丰富造型，又能视栋别用途作弹性规划。

不论基于何种原因，产品定位的最终结果势必在每块土地上产生或高或低、或胖或瘦、或单栋或多栋的建筑物，而所谓的容积率利用，就是指如何将每块土地的总可建建筑面积利用到极致。

一般而言，策划者可从图10-2所示的角度来考虑容积率的配置。

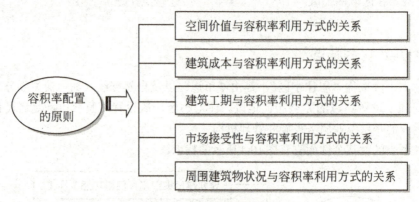

图10-2　容积率配置的原则

1. 空间价值与容积率利用方式的关系

对于商业气息浓厚的区域，一楼店面价值可能数倍于高楼层的价值，因此总可建建筑面积应尽量分配于低楼层；反之，商业气息弱的区域，则可以考虑向高楼层建筑靠近。

2. 建筑成本与容积率利用方式的关系

越是高耸或造型特殊的建筑，其营建成本越高，因此要权衡所增加的成本及可能创造的空间价值，以决定最佳容积率利用原则。

3. 建筑工期与容积率利用方式的关系

比如，两栋10层的建筑与单栋20层的建筑，前者的施工期将比后者节省许多，而工期将直接影响投资回收的速度及营业的风险。

4. 市场接受性与容积率利用方式的关系

比如，在高楼层建筑接受意愿不高的区域，若考虑作高层建筑的规划，就要审慎评估市场风险。

5.周围建筑物状况与容积率利用方式的关系

比如处于一片低矮建筑物区域,则向高层建筑发展,成为此区域的标志性建筑物;或向中层发展,在高度上暂领优势;或规划低矮建筑,以从众随俗。考虑了以上各种主、客观限制条件及特定目的后,最后就要真正进行容积率的分配,以使容积率能进行最充分、合理的利用。

三、住宅小区公共设施的配置

越是先进的地区如欧洲、美国、日本等,越倾向于以包含私有面积及公共设施的整体规划,来衡量建筑物的品质及价值,而我国在不断追求提高居住水准的潮流下,也必然将朝这种趋势发展。对房地产企业来说,要认清许多公共设施之所以难被购房者接受,是由于设施本身不实惠,或由于设施真正的价值没有通过适当的方法让购房者充分了解,所以除了法定必要设施,需要运用规划力求经济实惠以外,还需要明确辨别图10-3所示的几种公共设施的功能及效益,才能针对个案性质作合理定位。

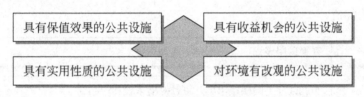

图10-3 公共设施的配置

1.具有保值效果的公共设施

比如,宽敞的门厅、走道等,这些设施的积极功能在于确保不动产的价值及未来的增值潜力。尤其对于使用频率高、使用人数多的办公室、商场或小套房等产品,这种公共设施尤其重要。

2.具有实用性质的公共设施

比如,停车位、健身房、游泳池,或公共视听室等,这类公共设施的实惠在于它的公共性,例如任何个人想拥有一个私人游泳池都是奢侈的事,但是通过公共设施的分摊,却使整幢建筑或整个社区的住户都能长期经济地拥有及使用游泳池。

3.具有收益机会的公共设施

比如,地下室的商业空间、停车位,或其他可供非该建筑住户付费使用的设施等。由于这种设施的使用可收取租金或使用费,对于分摊设施的购买者而言,相当于购买有收益的长期投资标的,不仅可补贴管理费,同时也较易维护整体建筑的品质,在使用价值高的地段是颇为适当的设施定位。

4. 对环境有改观的公共设施

比如，绿地、花园等，虽增加投入，但这种投入可以从因环境改变物业升值中得到回报。

> **策划利剑**
>
> 公共设施的规划将越来越受到重视，房地产企业在开发前期若能适当掌握各种公共设施的功能，可使公共设施空间发挥"小兵立大功"的作用。

四、住宅小区楼层用途的规划

不同的人对各楼层空间的需求不同，也就是各个楼层事实上是不同的市场，具有个别的供需情况、用途特性、交易性质及空间价值等。就房地产企业来说，除了要辨别不同楼层市场的异质性之外，还要注意图10-4所示的事项，以充分发挥空间的附加值。

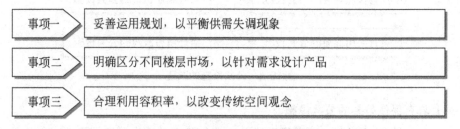

图10-4 楼层用途规划的注意事项

1. 妥善运用规划，以平衡供需失调现象

比如，在商业气息浓厚的黄金地段，借助一楼带二楼或地下室合并规划，以增加门面市场的供给量；或顶楼采取楼中楼设计，能满足更多的顶楼市场需求者，都是创造更高价值空间的好方法。

2. 明确区分不同楼层市场，以针对需求设计产品

比如，门面市场重视临街性，在规划上须注意维持好动线及联外机会；顶楼市场追求通风、采光及视野等条件，因此须注意栋距开窗、隔热等设计。

3. 合理利用容积率，以改变传统空间观念

比如，拉高建筑物高度，超越邻近建筑物高度；增加高楼层面积，以塑造"准顶楼"空间（即指与顶楼具备同样采光、通风条件的高楼层）；或利用二叠或三叠规划，使得有天（顶楼）有地（一楼）的空间增加。

五、住宅小区的功能定位

在确定小区的功能定位时,应根据该小区所在区域的规划、市政、交通、商业、教育、医疗、社区服务、文化历史等条例,广泛深入地进行市场调研,确定主流客户群体,确定小区的主要经济技术指标和住宅类型。

1. 功能定位的指标

功能价格比是预测商品房市场销售量的关键指标。合理的价格定位和健全的使用功能,可使消费者产生强烈的购买欲望。

住宅往往是个人或一个家庭购买金额最大的商品。不同的购房者具有不同的经济收入、社会文化背景和消费理念,在购置住宅前,绝大部分购房者心理上有一个总价底线和房屋面积底线。为用户设计好每个平方米,控制各种房型的总建筑面积就至关重要,要在限定的面积里使房型合理、功能齐全、动静区分,要善于在中、小套房型中创造较高的通用性和舒适度,是提高功能价格比的重要环节。

2. 功能定位的关键

规划和建筑的设计是小区功能定位的关键。在规划设计中必须注意图10-5所示的三项原则。

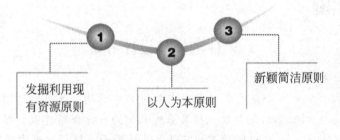

图10-5 规划设计的原则

(1)发掘利用现有资源原则。规划和设计定位前,要详尽分析小区周边环境的现状和发展前景,对周边环境要有清醒的认识。充分、灵活地利用好小区周边的现有资源,不仅能节约开发建设成本,也能使小区既与周边环境密切联系并有自己的特色,而且能相对周边环境显示出独特的优势和亮点。

(2)以人为本原则。住宅,已不仅仅是遮风挡雨、安身立命之所,更是人们休闲、娱乐、进行人际交往的场所。这就要求开发商在进行住宅小区规划时,必须以人为本,通盘考虑客户的各种需要,最大限度地满足人们在舒适、方便、安全、审美、健康、体现自我价值等方面的需求,创造出一个良好、合理、优美的居住环境,提高人们的生活品质,从而创造住宅小区的"卖点"。

(3)新颖简洁原则。对小区布局的风格和建筑形态,不能一味地仿制抄袭。随着工作和生活节奏加快,"简装、便捷、明快、和谐"的生活方式已成为一种时尚追求,如能将其融会在小区的整体布局之中,形成一种建筑、造景风格,必然顺应时代潮流,赢得广大市民的青睐。

3. 功能定位的理念

根据目前住宅建设水平和人们的消费水平,房地产企业在对住宅小区定位时,可从以下几个方面着手设计。

(1) 优先考虑发展套内无梁、无柱的钢筋混凝土大空间结构,以适应自由分隔组合空间住宅的发展,以减少或杜绝居民装修时对住宅的破坏。

(2) 建立菜单式装修标准,提高已装修住宅出售的可能。

(3) 采用标准化的具有防渗水、渗气、保温、隔热、隔音等良好性能的复合门窗。

(4) 对厨、卫部分要有整体设计概念,综合考虑厨卫的平面布局、面积尺度、设备配置和管理安排,使厨卫达到卫生、方便、安全和舒适的要求,并使之能适应模式化的整体卫浴设备等,从而提高住宅档次,适应不同需求的用户。

下面提供一份××住宅产品设计方案的范例,仅供参考。

范例

××住宅产品设计方案

一、地块周边情况

项目位于××市小店区新兴商业中心的××北街,其具体的地理位置为××北街与××西路的交界处,项目基地北侧为一幢保留建筑,该幢建筑物直接影响了项目与××北街的直接交通,基地西面为规划建设中的20米宽的××西路,东面为旧建筑物。地块西北角为保留的××舍建筑,地块南侧除了保留建筑外还有小区规划中的改建幼儿园。因此基地形状呈倒置的"L"形。

二、项目所在区域分析

略。

三、项目定位

1. 项目客户定位

通过对××房地产市场的供需调研,现对本案目标客户定位进行分类。

第一类:××市区和周边乡镇、地市的个体经营户、私营企业老板,该类客群对项目品质、周边环境以及项目升值潜力等较为关注。该类型客户的购买动机主要有以下三种。

(1) 改善居住品质,体现个人事业成就感。

（2）为子女创造良好的就学、就业机会而有意在××购房。

（3）利用闲散资金在××置业投资。

第二类：国家机关、事业单位职工及院校高收入购买群，该类客户生活方式比较内敛，不太张扬，但比较注重小区综合品质和社区环境，其购房动机主要是为了实现更多的居住功能，提高居住生活质量，同时希望通过购买商品房改善居住环境。

第三类：金融、保险、律师等新兴职业从业者及为数不多的外企员工，该类客群是最容易接受新生活观念的人群，同时其事业发展呈逐步上升态势，有比较稳定的丰厚收入，其购买动机主要体现在追求生活享受、生活情趣和实现个性化生活等方面。该类客户除了关心小区的综合品质外，对购买的住房的户型、功能结构更为关注。

客户定位小结：在需求调研分析中得出本案的购房群体年龄层基本上在30～45岁，与××整体房地产的消费对象年龄层次基本相仿。同时通过以上三种主要的购房群体可以看出，三类客户群体的收入在××处于中偏上层次，属于社会精英，但不是富豪，他们在购买商品房时在心理上还存在不稳定因素，需要对潜在的三种客户群体进行心理培育和服务跟踪。这也是项目市场定位中值得关注的重要环节之一。

2.项目市场定位

项目的市场定位取决于项目的客户定位和目前项目周边的区域市场环境，基于以上两个方面因素以及前阶段的市场供需调研结果，确定项目的市场定位为中高档楼盘，通过该市场定位，主要目的在于以下几个方面。

（1）引导消费市场。通过本案出色的规划设计，构造高品质生活框架，引导消费者购买商品并不是单纯为实现居住功能而购房，而是通过购房改善生活环境，提高生活品质，改善生活方式。引导购房消费从单纯的居住功能阶段向关注产品综合品质阶段发展，向改善生活方式阶段发展。

（2）倡导全新的生活方式。项目将以"打造一种全新的生活理念"，创造丰富、精彩的居住环境和生活内容，目的是通过本案侧面宣传一种国际化的全新生活方式，同时将国际化的生活方式导入××。为××的生活注入全新的生活理念，为××的房地产发展注入新气息。

（3）引领区域市场。按照国际化的标准打造经典的新兴居住小区，树立项目的高品质综合形象，引领区域乃至××的房地产市场，同时树立开发精品、塑造国际化生活的企业形象以及塑造国际化生活的核心开发策略。

3.项目形象定位

本案的市场推广形象定位，既要表现"国际化生活，精致品位社区"的市场定位，又要与××市场的其他市场形象形成明显的差距，该市场形象定位主要力图向市场传达以下两个重要信息。

（1）国际化生活社区。本案有意打造高品位、丰富精彩的居住空间与生活环境，国际化社区不一定是严格按照国际化标准打造社区，而是重点凸显国际化生活理念。

（2）高品位生活社区。高品位社区不是华丽不是豪宅，而是精细和完善，是对生活的生动理解和成熟把握，是以给住户优良的社区环境、温馨的居住情趣、充满人性关怀的生活氛围。项目重视硬件质量，更以出众的软性服务取胜。

四、产品定位

1. 主要规划技术经济指标

项目用地指标见下表。

项目用地指标

指标	数值
用地面积	34472.95平方米
容积率	不大于3.0
建筑密度	不大于28%
绿化率	不小于35%
建筑限高	无限制
汽车位配比	1∶0.8
自行车位	1辆/户

2. 户型面积配比方案见下表

项目户型面积配比一览表				
房型		建筑面积/平方米	所占比例	备注
两房 30%	两房两厅一卫	100～105	18%	/
	两房两厅两卫	105～115	12%	/
三房 55%	三房两厅两卫	130	14%	/
	三房两厅两卫	140	33%	部分采用错层
	三房两厅两卫	150	8%	部分采用错层
四房两厅两卫 8%		160～170	8%	部分采用错层
复式（顶层）7%		180～250	7%	客厅或餐厅中空

3. 户型设计要求（略）

4. 户型特色功能（略）

五、总体规划设计要求

略。

六、景观设计要求

略。

七、其他设计要求

略。

第十一章 写字楼项目策划

阅读提示：
开发商在政策和市场的双重压力下，要保证写字楼产品的成功开发，是企业能否生存和发展的关键因素。

关键词：
目标客户
档次指标
差异化开发

一、写字楼的特点

写字楼在城市建设中更像是一张城市名片，反映了一个城市经济总量的大小和发展速度快慢。同时写字楼的发达程度，也是一个城市商贸活力的最直接反映。它的繁荣对提升城市魅力形象、点缀都市亮点都起到了很大的作用。

一般来说，写字楼具有图11-1所示的特点。

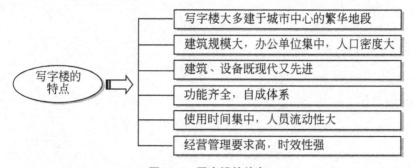

图11-1 写字楼的特点

1.写字楼大多建于城市中心的繁华地段

由于大城市交通方便，经贸活动频繁，所以各类机构均倾向于在大都市的中心地带建造或租用写字楼，以便集中办公、处理公务和经营等事项。以金融、贸易、信息为中心的大城市繁华地段，写字楼更为集中。

2.建筑规模大，办公单位集中，人口密度大

写字楼多为高层建筑，楼体高、层数多、建筑面积大，办公单位集中，其间可以拥有几十甚至上百家租赁单位，工作人员以及往来客人将形成巨大的人流。这将会无疑增加管理工作的难度。

3. 建筑、设备既现代又先进

为了吸引有实力的公司机构进驻办公，满足他们体现身份、高效办公的要求，写字楼一般所用的建筑材料都较为高档先进，外部装饰大都会有独特的格局、色彩，内部一般都配有先进的设施设备，如给排水系统、供电系统、中央空调、高速电梯、保安消防系统、通信系统、照明系统等。因此，给其维修养护与管理带来了较大难度。

4. 功能齐全，自成体系

现代写字楼一般还拥有自己的设备层、停车场，以及商场、商务、娱乐、餐饮、健身房等工作与生活辅助设施，进而满足租户在楼内高效率工作的需要，因此，造成管理与服务内容的复杂化。同时也为客户的工作和生活提供很多方便，满足他们高效办公工作的需要。

5. 使用时间集中，人员流动性大

一般来说，写字楼物业使用时间比较集中，多数在早8点以后、下午6点以前。上班时间整个物业是人来人往，川流不息，下班后是人去楼空，冷清异常。这一特点决定了写字楼物业管理必须有相应的特殊安排。

6. 经营管理要求高，时效性强

由于现代写字楼本身规模大、功能多、设备先进，加之进驻的多为大型客户，自然各方面的管理要求都较高；另外，由于写字楼具有收益性物业的特性，高的出租（售）率是获得良好稳定收益的保证。经营管理不当，就不能赢得客户，甚至会马上失去已有的客户，而当期空置即意味着当期损失，所以其经营管理的实效性极强。

二、写字楼的市场定位

写字楼项目一般要位于城市的黄金区域，投资成本巨大，对于现在任何一个写字楼项目，如何在保持利润的同时，吸引更多的租户已变得更为困难。因此，对于需求与供给的分析尤为重要，写字楼市场分析的准确性将直接影响投资项目的回报。

1. 写字楼项目定位

近年来，市场对办公产品的要求更注重生态、环保、节能及舒适等特征，因此综合化、生态化、智能化等成为写字楼的发展趋势。可以看出，实行差异化定位才是新兴商务区域写字楼市场开发的根本。房地产企业可从图11-2所示的几个方面对写字楼项目进行差异化定位。

```
定位一  →  项目功能定位流行全面一体式购物

定位二  →  项目经营主题特色定位，主题突出、结构合理

定位三  →  项目经营方式定位，因时制宜、因时而变

定位四  →  项目经营业态定位，最优化业态布置原则
```

图11-2　写字楼项目差异化定位

策划利剑

　　差异化的市场定位，就是在市场细分的基础上，找到市场的机会点，进行项目定位，凸显项目的特色，满足目标客户的需求，避开竞争对手，抢先占领市场。

2.目标客户定位

写字楼目标客户定位方法如表11-1所示。

表11-1　目标客户定位表

项目	核心客户（集团客户）	辅助客户（自用散户）	辅助客户（投资客户）
所占比例	约25%	约50%	约25%
企业属性	以国内民营企业为主，其次为国有大型企业	项目周边熟悉本区域的现代服务型企业，需要升级办公空间的小型企业，他们主要服务于CBD，完成了一定的资本和客户积累，需要提升企业形象	项目主城区及周边临近县市
需求特征	（1）注重物业产品内在品质 （2）处于市中心（内环），交通便捷、配套齐全 （3）提供良好的商务服务 （4）品牌物业管理 （5）大面积的办公空间 （6）追求物业形象和售价之间的均好性	（1）注重物业外在形象 （2）处于市中心（内环），交通便捷、配套齐全 （3）较高的实用率 （4）现代办公配套 （5）多在项目处于准现房后购买	（1）注重所处区域的升值潜力和产品的抗跌性 （2）有较高的、稳定投资回报率 （3）良好的经营管理 （4）注重开发商品牌和信誉 （5）一般会在期房阶段购买
需求面积	800～1500平方米	150～300平方米	100～300平方米
总价范围	2000万～4000万元	375万～750万元	250万～750万元

3. 写字楼项目市场分析

写字楼项目市场分析包含以下几个方面的内容。

（1）研究宏观的趋势对写字楼的使用者和产品的设计所产生的影响。

（2）预测项目所在点对市场的长期吸引力。

（3）预测未来的供需是否平衡。

（4）进行需求细分化和供应差异化，这将有助于更好地分辨出相关的细分市场和竞争项目，从而更有效地确定相应的目标市场占有率。

（5）对项目现金流量表中的关键因素进行敏感性分析。

4. 写字楼项目市场需求分析

写字楼项目市场需求分析的方法如图11-3所示。

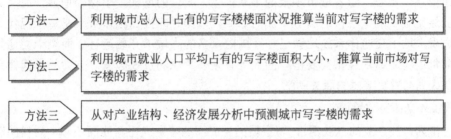

图11-3 写字楼项目市场需求分析的方法

三、写字楼的档次定位

住宅市场不断强调"以人为本"的同时，写字楼也正极力倡导"人性化、人情化、生态化办公"。一般来说，决定写字楼档次定位的指标如图11-4所示。

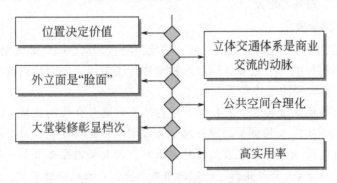

图11-4 决定写字楼档次定位的指标

1. 位置决定价值

"位置决定价值"是不动产业开发及置业的不变法则，一个城市的远景规划在一定程度上也就决定了区域未来的价值,商用物业在位置的选择上尤为重要。对写字楼而言,位置的选择是置业首要考虑的指标。通常来说,高档写字楼对极佳的地理位置、完善的区域配套、便利的公共交通有着极高的要求,同时商业交流的特殊性对于写字楼物业的区域集中性有较高的要求。

比如,上海浦东的陆家嘴、北京的朝阳区、深圳的中心区、武汉建设大道的金融一条街等,以上的区域由于市政规划及核心的位置,使得整体写字楼的销售及租赁价格都远远高于其他的区域。

2. 立体交通体系是商业交流的动脉

一个好的商用物业对于交通的便利性有着极高的要求,地面交通、地下交通以及与空中交通的距离都影响着写字楼品质的提升。传统的商用物业对于地面的交通依赖性极强,随着城市规模的不断扩大、人口的增加、车辆的增多,地面交通已经完全不能适应快速商务交流的需要,节约时间提高工作效率是每个现代人的需求,地下交通体系如地铁已经在国内众多的大城市开始运行。而空中交通如距离机场的距离是经常需要出差的人士必须要考虑的重要因素。立体的交通体系构筑成高品质写字楼的商务动脉。

3. 外立面是"脸面"

作为入驻企业的"脸面",写字楼的外立面的建筑风格、立面色彩、材料的选择显得非常重要。写字楼简洁气派的外立面就是它最好的广告,对于人的视觉第一感觉,好的外立面与写字楼的档次定位是相辅相成的,一些写字楼为了降低成本而在建筑外墙的装饰中采用较为廉价的材料,这种做法如能够符合项目的定位也无可厚非。但在写字楼的外观上必须注意的是一定要使建筑看上去"像"写字楼,万不可出现如阳台等有居家气息的设计,不仅会使商务氛围荡然无存,也将影响到楼内业主的公司形象。

4. 公共空间合理化

公共空间包含休闲空间、会议空间、餐饮空间、大堂空间、绿化空间等。

目前国际流行的写字楼设计理念是将一些传统中属于办公室内的功能分离出来,延伸到整幢大楼的公共空间中去。

比如,大堂要宽敞舒适,有供客户停留休息和商务会谈的区域;公共走道要美观大方,能够体现入驻企业品牌档次;会议室不一定要分散在每个楼层每间公司内,而是可以统一安排在整幢大楼的会议层,由大楼内企业共用;休闲空间要突破传统的"办公室+公共走廊"的空间模式,提倡开放式办公环境,使得办公空间趋于模糊化,在办公区内应有更多的公共休闲空间及楼宇内立体绿化……

凡此种种,都将扩大公用面积。表面上看降低了写字楼得房率,但实质上却提高了它的品质形象,同时也最大限度地优化了资源配置,有利于中小型企业控制商务成本,而这,正是人性化的具体表现。

5. 大堂装修彰显档次

作为人们进入写字楼的必经之地,作为商务交流的第一场所,大堂的形象不仅代表着写字楼的形象,同时也代表着写字楼内各家公司的形象,对于高品质的大堂,从面积的规划、功能的划分、内空的高度、装修的风格、智能化的配置上都有极其严格的要求。

比如,目前的写字楼大堂的面积不小于300平方米,功能上可以划分为商务功能和休闲功能,内空高度最低不低于5米,智能化的设施体现在全面性上。

其实在大堂的设计和装饰上不妨做得"夸张"一点,多一些公用面积和休闲空间,即使是中档项目也应该尽量做出高档的效果,这样会很大程度提升客户对项目的印象。

6. 高实用率

一般的写字楼的实用率在60%左右,部分超高层的写字楼的实用率还达不到50%,客户在内部空间不够用的同时还要为高比例的公摊面积支付租金及使用费用,目前的高品质的写字楼会在建筑设计、功能划分上尽量考虑客户的需求,提高实用率,提升产品的性价比。

四、写字楼的开发策略

影响写字楼开发成功的因素很多,如区域经济、客户群、商业圈半径、新旧写字楼格局、商务繁荣程度及其影响力、写字楼所处区域环境、竞争对手实力与策略等。因此,房地产企业开发写字楼项目,应讲究一定的策略,具体如图11-5所示。

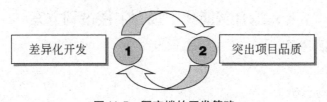

图11-5 写字楼的开发策略

1. 差异化开发

差异化的市场定位,就是在市场细分的基础上,找到市场的机会点,进行项目定位,凸显项目的特色,满足目标客户的需求。避开竞争对手,抢先占领市场。市场是一个巨大的网,始终有市场缺口和未被充分满足的市场机会。

(1) 地段选择。项目所在地段位置是否有发展前景;周边是否具备客户群;是否具备较好基础配套。

(2) 具有前瞻性。市政规划、道路的规划、道路的扩建、改建及延伸，道路延伸伴随着经济发展的延伸等。一条道路交通便利、基础设施完善的地方，总能成热点，此类热点地区能形成商务氛围，带动一定客户群。

(3) 寻求市场空白点。写字楼开发也要针对该项目所在地的政治、经济、文化、消费水平及结构，类似商用物业的竞争状况等商业环境作出详细的分析和论证，寻求市场细分后的空白点、切入点。

2.突出项目品质

据调查，有八成多的投资者非常关心所投资的物业今后的出租率。而这批客商往往是有过在写字楼办公经验的人士，他们更关心大楼的电梯等待时间；是否配置了健身馆、休闲吧；有无高级商务洽谈区等，而这些正是导致一幢大楼的租售率高低的直接因素。

随着消费市场理性成熟，客户的需求不仅仅满足于地段的好坏、价格的高低，而更多地关注起写字楼内部品质。今后的商业地产发展格局是多元化的，但更为激烈的竞争将是体现在大楼的真正"品质"上。

一些写字楼广告除在宣传地理位置方便、价格如何优惠的同时已大做内部配套设施如何完善、如何高档的文章。有些甚至介绍该大楼用何种名牌空调、某某品牌电梯，告诉消费者如何做到电能节省，电梯内手机信号无盲区等，很多投资者也正是认可这一系列品质介绍后决然下单的。

下面提供一份××综合智能化甲级写字楼策划方案的范例，仅供参考。

范例

××综合智能化甲级写字楼策划方案

一、项目背景

略。

二、市场分析

略。

三、项目分析

1.优势分析

衡量商业地产项目是否具有价值的标准之一就是项目所处的地段与周边交通情况。

(1) 交通方便。

(2) 具有超前的规划理念。

（3）产品设计独特。
（4）具有投资升值潜力。

2.劣势分析

（1）地价较高。
（2）项目操作受限制。
（3）开发商不具备品牌度。
（4）商务环境差。

四、项目定位

1.中小户型、配套齐全产品定位策略

××项目在原来普通公寓的基础上进行了调整，依托纯商务社区的概念，最终导出了一个涵盖区域特征和产品特质的定位——"CBD卫城，首席商务中心"，并在甲级写字楼标准之下，××项目将产品最终定位为市场上的紧缺产品：中小户型、配套齐全等。

2.投资自用兼并的目标客户定位

在市场定位上，××项目首先锁定了目标客户群，这些客户群的构成要素包括：快速成长中的中小企业；对地段要求较高却无力购买或租赁CBD写字楼的企业；经营业务集中在东部地区的企业；逐渐壮大的办公物业投资者。按投资目的对投资者分类见下表。

按投资目的分类的投资者

分类	特征
长期投资者	追求长期稳定的租金收入，一般有专门的投资资金，外省市人将占有相当比重，抗风险能力强
过程投资者	（1）期望以小博大、短期内即可转售获利 （2）因风险较高，一般较为挑剔 （3）开盘时重要的参与者，预售客户中最不稳定的分子和麻烦制造者
策略储备者	主要是高成长型企业，用来为公司发展和规模扩张进行策略性储备，比例较小

××项目预测到长期投资者将是项目最主要的投资型客户，而过程投资者是重要补充。如果三期项目完全被市场认同，投资性客户比例还将会上升，这对前期销售积聚人气和后期物业管理、出租运营都有极好的影响。

五、项目规划

根据项目的定位，在××项目的规划中，设有星级酒店、酒店式公寓、商住公寓、高档写字楼等，形成一个综合商务区。

1. 项目建筑空间设计

（1）一期纯板式、纯写字楼建筑空间设计。××项目一期在建筑空间布局设计方面有着独到的创新，将商住物业升级成纯写字楼物业运作，不仅没有雷同于SOHO类物业，而且由于产品区别于市场上其他常规的商住物业，有效地避开了东部住宅公寓类物业竞争，赢得了较普通商住公寓更大的销售和利润空间。

（2）二期生态办公建筑空间设计。××项目商务中心二期的设计点，在于开辟真正意义上的生态办公，引领全新的商务办公理念。写字间同样保持了自由分割的特色设计，面积由117平方米至2000平方米（可整层或半层购买），层高3.35～6.9米；并在写字楼中设计4000平方米中心商务花园；3000平方米商务专属沙龙会所。B座则突破狭隘区域格局，设计双层挑高公共大厅，使客户有机会感受真正的自由。

2. 人性化公建与配套系统规划

××项目商务中心一期内每层配有10部高速电梯，裙房部分另设2部客梯；空调系统采用中央空调制冷系统及新风系统；中国网通提供网络宽带服务；××项目商务中心拥有400平方米挑高8.7米的豪华大堂；车位拥有量达到1∶1.5；大厦商务服务中心、邮局、银行、会议中心、SPR咖啡厅等配套设施全面启动服务；1360平方米的员工食堂可满足800人同时就餐，目前提供早、中、晚三餐，食堂午餐和晚餐均提供多达十余种菜式。

六、招商策略

略。

七、营销策略

略。

八、经营策略

略。

第十二章 购物中心项目策划

阅读提示：
作为一种集合了多种功能的商业综合体，购物中心对各种业态的组合、搭配，无疑是决定其能否成功经营的关键。

关键词：
业态选择
业态组合
业态定位

一、购物中心的特点

购物中心是由发起者有计划地开设，实行商业型公司管理，中心内设商店管理委员会，开展广告宣传等共同活动，实行统一管理，多种零售店铺、服务设施集中在一个建筑物内或一个区域内，向消费者提供综合性服务商业集合体。

购物中心内部结构一般由百货店或超级市场作为核心店，以及各类专业店、专卖店等零售业态和餐饮、娱乐设施构成。具有图12-1所示的特点。

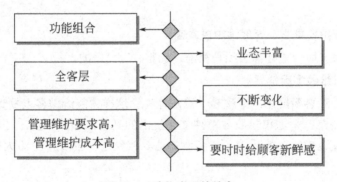

图12-1 购物中心的特点

1. 功能组合

集购物、餐饮、娱乐、休闲、运动、旅游、游乐于一体。一些大型的购物中心甚至包含了酒店和办公的功能，全方位地满足社会公众的需求。

2. 业态丰富

业态丰富，包括零售、影院、餐饮、休闲娱乐等多种商业形态，一般可以分为主力店、次主力店、独立店。主力店是恒星,围绕主力店周边运行是小行星般的次主力店、品牌店。如表12-1所示。

表12-1 业态类型特点

类型	业态	效用
主力店	高端百货、大型超市、家居、建材等	长期租约有利影响:集客能力;品牌效应;带动作用;广告效应。不利影响:租期很长,物业的后期处置要受限制;主力店的租金非常低;常带有排他性协议;与整体的磨合难度大,需防范法律风险
次主力店	知名餐饮店、影剧院、大型书店或游乐场所	聚客能力、租金回报远高于主力店;在营业时间、管理成本、经营灵活性等方面比主力店占有优势
品牌店	饰品、服饰、化妆品等	购物中心盈利最多的部分;可丰富购物中心的功能;个性品牌能聚集各类客源

3. 全客层

能充分满足从儿童至中老年不同年龄段顾客的需求,当然多以中青年这层社会中坚阶层为主。

4. 不断变化

所有商业体都有市场培育期、成长期、成熟期,而在激烈的市场竞争中,所有购物中心都必须主动或被动求变。永无止境的调整与变化是一个购物中心永恒的话题。

5. 管理维护要求高,管理维护成本高

凡顾客目光所及之处都必须是整洁、优雅、有品质的。

6. 要时时给顾客新鲜感

要时时给顾客新鲜感,给顾客一点点惊喜,这样才能给顾客重复光临的理由。因为购物中心是一个城市物质与精神文化生活的高度浓缩的平台,是城市居民的购物中心、交友中心、娱乐中心、美食中心,光鲜靓丽的城市生活大抵在购物中心中呈现。

二、购物中心的选址规划

不同规模、不同类型的购物中心对交通、周边消费环境、商业氛围均有不同的要求。假如交通条件、周边消费环境、商业氛围和购物中心的规模、类型不匹配,那么开发商选择这样的土地进行购物中心开发将面临风险。购物中心的选址应该考虑图12-2所示的几个因素。

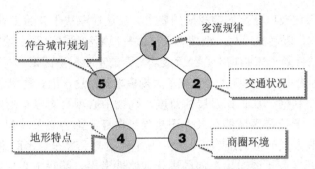

图12-2　购物中心选址考虑的因素

1. 客流规律

购物中心是消费中心,从经济效益上讲,购物中心必须满足整个城市消费市场的要求,争取尽可能多的顾客;从成本效益上讲,要争取最大的聚集效益,要求最大限度地利用城市的各种基础设施。所以,城市人口分布的空间形态是购物中心形成发展的重要制约因素。

(1) 相同客流规模的不同地区,因客流的目的、速度、时间不同,对选址条件有不同差别。

(2) 选择店址需要调查分析街道两侧的客流量规模,选择客流较多的街道一侧。

(3) 选择店址要分析街道特点与客流规模的关系,街道交叉路口客流最多,是选址的最好位置。

(4) 对于大型的购物中心和商业街,除了被动适应客流规律之外,还可以在原有路网基础上加以改善开发,选择有开发前景的区域,开辟新的道路交通系统,主动地引导客流,制造客流,进而创造新的商业环境。

2. 交通状况

购物中心成功经营对交通条件的要求体现在图12-3所示的五个方面。

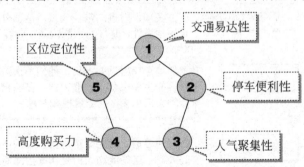

图12-3　购物中心成功经营对交通条件的要求

(1) 交通易达性。购物中心作为集购物、餐饮、娱乐、休闲于一体的现代商业形态,经营期间必然面对大规模的消费者。而大规模的消费者也同时意味着对购物中心项目地块周边及区域交通的相应的要求。易达性取决于交通工具和道路状况。假如交通条件差，易达性不好，消费者无法大规模顺利到达，那么项目就会面临经营风险。交通条件是未来购物中心经营成功与否的重要影响因素，对于中国购物中心市场来讲，因为人口规模庞大，私家车大规模增长，这一因素就特别关键。

（2）停车便利性。从长期发展的角度，购物中心项目对停车的要求也必然呈现增长的趋势。无论是区域停车条件还是项目自身，都势必关注到中国汽车市场成长对人们消费方式产生的影响，以及中高端消费与私家车紧密联系的必然结果。如果购物中心开发商不能对停车问题进行战略性考虑，购物中心项目最终面临经营风险是不可回避的。

（3）人气聚集性。人气聚集性是商业活动具有集聚效应，集中布置能够相互促进，以提高整体吸引力。城市人流、物流和城市社会经济活动的焦点常常成为优先选择的地点。

（4）高度购买力。高度购买力是指商业用地要接近人口稠密区，又要接近高收入或高消费人口分布区。维持商业设施存在的最低服务人口数量称为人口门槛。

（5）区位定位性。不同区位的人口状况和交通易达性也处在不断变化之中。传统的城市中心区是人口集中的场所，道路交通设施优于城市郊区，因此城市中心区提供了相对完善的购物机会。由于郊区高速公路网的建设大大提高了郊区的交通易达性，出现了人口居住郊区化的趋势，把大量消费人口从城市中心区带到城市郊区，商业设施在郊区大量兴起，引起了零售额的重新分布。对购物者来说，可以选择去城市市区或郊区购物。

3.商圈环境

（1）商圈人口特征的影响。购物中心在其特定的商圈范围内服务的对象，顾客来源基本分为以下三个部分，如图12-4所示。

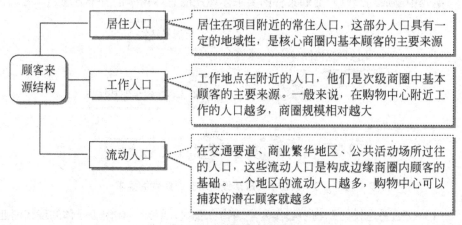

图12-4 顾客来源结构

购物中心之所以讲究顾客导向,是因为顾客是购物中心所赖以生存的元素。人口量、集居、迁移等均足以影响购物中心的成败,故必须分析购物中心的人口特征。因此,重点探讨商圈内究竟有多少可掌握的客层人数;有多少人可能成为购物中心的顾客;经过购物中心的营运,实际的来客数如何。

影响上述三个课题的因素尚有人口成长率,包含自然成长与社会成长、人口的都市化与流动人口。

> **策划利剑**
>
> 除购物中心有效的经营计划促使消费者惠顾,并确定能成为购物中心的业绩外,亦应考虑一些非有效因素,诸如掌握消费者消费项目的转变,如饮食、衣物、鞋类、电器用品等。

(2)商圈层次的影响。购物中心商圈是以设定的购物中心建筑为圆心,以周围一定距离为半径所划定的范围。在实际从事商圈设定时,还必须考虑经营业种、商品特性、交通网分布等因素。以购物中心为中心点,可以将商圈划分为核心圈层、中心圈层、次中心圈层、外圈层及影响圈。这几个层次的商圈均对购物中心发挥着作用不同且程度不同的影响。具体如表12-2所示。

表12-2 不同商圈层次的影响力

序号	商圈层	影响力
1	核心圈层的影响	对于购物中心来说,250～500米的商业圈半径,也许还不及其门面开张的距离。因此,核心圈层的影响一般说来较弱。但是,在核心圈层的范围,要着重考虑的因素主要是周边小型店铺的购买力分散作用
2	中心圈层的影响	(1)相对来说,半径为1千米左右的中心圈层商业圈的影响对大型购物中心地点选择最为重要。在此范围内,最接近在某一个特定城市消费认同的商业区概念,且往往一个商圈范围就是几条商业街 (2)此外,对中心圈层的影响,还应充分考虑该圈层内局部综合反映。对于中国大城市普遍存在的住宅社区化、城市发展多中心化的趋势,越来越多的精明商家开始放弃城市中心黄金地的争夺而进入社区或城市副中心,取得了意想不到的经营业绩
3	次中心圈层的影响	对于特定城市内公共交通线路可以伸达区域的影响也相对重要: (1)要考虑的是城市交通问题,特别是流动客流的抵达线路及分散线路,以及对商场本身的上卸货线路 (2)要考虑的重要因素是大型商场的品牌效应。拥有良好声誉且知名度较高的商场必然会吸引众多的品牌追随者 因此,对于旧有商场的投资者要考虑其品牌的含金量;对于新商场的投资者要考虑迅速提高其品牌知名度和完善度。只有这样才能立于不败之地

续表

序号	商圈层	影响力
4	外圈层及影响层的影响	对于特定城市四周郊区，以及卫星城镇区域范围，以及与该城市有密切的地域和经济联系的城市带（或城市圈）区域因素的影响，对大型商业物业的宏观和微观商业环境有着重要作用。大型商业物业存在的作用，一方面是依托城市的独特经济功能而得以生存和发展；另一方面各城市也要通过一定数量的高层次大中型商业物业增强其城市功能和提升其城市影响力和形象

4. 地形特点

选择店址还要分析地形特点，主要选择能见度高的地点，如选择在两面临街的地点能见度就最高，并且可以扩充橱窗面积，增辟出入口以减缓拥挤，这是最好的设址地点。位于街道的入口处、公共场所的迎面处都是能见度高的地点。有的地点如位于街道的凹进部位能见度就差。购物中心沿平直街道布置的临街面，能见度较低；在街道弯曲处能见度外圈大于内圈。能见度较高位置的主要有"T"形道路交汇的顶头处、十字交口处、商业街两端、公共广场的迎面处等。

5. 符合城市规划

城市总体规划和详细规划，都根据城市现状和发展要求对商业中心的分布、商业建筑的布局等作出一系列的规定，商业建筑的选址应该符合城市规划的要求，服从城市总体发展的需要。不仅要考虑现状，还要了解未来的发展变化，尤其要了解城市建设的长期规划，如所选地区的街道、交通市政、公共设施、居民住宅及其他建设或改造项目的规划。有的地点从当前分析是优越条件，而随着城市的改造将会出现新的变化，而不适合设店。反之，从当前分析不适合设店，但从规划前景看又有发展前途。

三、购物中心的业态选择

业种品牌组合是商业运作中极为重要的内容。如果业态组合定位科学合理，可为购物中心营销增加靓丽的卖点，有利于促进商家的销售。反之，如果业种组合定位不符合项目所在城市商业发展现状的实际需要，将导致项目投入运营后无法做旺，进而最终归于失败。

1. 业种选择

业种选择要按照市场需求的原则来进行，而不是越大越好，品牌越响越好。要根据项目自身的定位、市场需求等来确定。一般来说，购物中心进行业种选择的必要条件如图12-5所示。

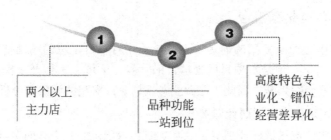

图 12-5　业种选择的必要条件

2. 业种组合

购物中心业种组合的目标有三个，具体如图 12-6 所示。

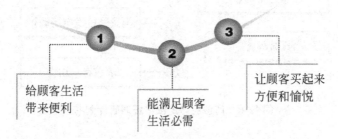

图 12-6　业种组合的目标

一个商场中，商品的组合比率大致上可以分为普通商品 60%、观赏商品 10%、利润商品 15%、并列商品 15%，要制造丰富有弹性的业态组合可根据这一比例选择相关的业种。

3. 业种功能分布

业种的具体分布、营业场所的布置，应以便于消费者参观与选购商品、便于展示和出售商品为前提。商场管理者应将售货现场的布置与设计当作创造销售（而不仅仅是实施销售）的手段来运用。业种的功能分布有三大技巧，具体如图 12-7 所示。

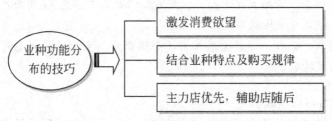

图 12-7　业种功能分布的技巧

四、购物中心的业态组合

制定购物中心业态方案的前提,一定是首先对项目定位的精准把握;再往前推,定位如何确定?则是对项目所处城市的背景、区域、本体开发模式选择的分析,以及竞争机会的判断。因此,在做业态规划前,宏观的调研和分析必不可少。

1. 商业业态定位市场调研计划书

商业业态定位市场调研计划书,主要从图12-8所示的几个方面着手。

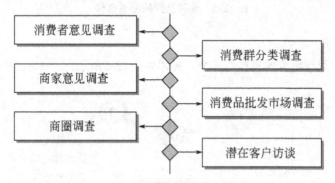

图12-8 商业业态定位市场调研计划书

图12-8所示说明:

(1)消费者意见调查。了解该地区消费者背景信息,消费行为习惯,对××商圈的态度,媒体接触习惯。

(2)消费群分类调查。从总体上调查××各个阶层的情况,经济状况和经济能力,文化和价值观念。

(3)商家意见调查。目前经营状况,投资经营者投资、经营意向及需求,投资、经营者价位承受力。

(4)消费品批发市场调查。了解商业规划方向、经济特征和发展趋势;对现有城市商业格局和现有商圈进行分析;商场、超市及中档以上店铺数量及分布状况;经营面积、档次;店铺性质;商铺主营商品类别。

(5)商圈调查。商圈概况(人口、交通及相关基本信息);商业产业结构及整体经营状况;规划及发展趋势。

(6)潜在农户访谈。了解潜在客户(个体商户、主力店、大型商业机构)对产业物业的需求特征。

2. 业态组合与比例配制

根据项目整体定位确定项目功能定位及业态组合,并根据项目楼层分布实际情况变更。变更指南如下:

（1）付租金能力强、小面积的商家可规划在商业价值高的区域，如银行、面包屋、西式快餐厅等。

（2）付租金能力差、大面积的商家可规划在商业价值低的区域，如超市、家具家居、大型餐饮。

（3）随机性消费业种规划在昭示性强的位置，如首饰、化妆品、礼品、服装等。

（4）目的性消费业种规划在昭示性弱的位置，如美容美发、大型餐饮、KTV、影院等。

（5）餐饮等商家环绕湖景分布，利用景观资源提升租金水平。

（6）主力店及次主力店所占面积比例占60%左右。

（7）餐饮及休闲娱乐所占面积比例占30%左右。

五、购物中心的业态定位

购物中心业态定位可从图12-9所示的三个方面着手。

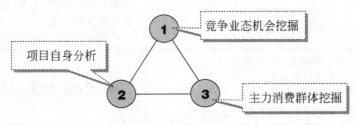

图12-9　购物中心业态定位

1.竞争业态机会挖掘

业态定位中，通过详细的市场调研，了解大型购物中心的区域商业环境情况（人均商业面积、商业发展阶段等）、了解商业建筑形态分布比例（独体、街铺）、商业业态业种比例、各商户经营状况等。

2.项目自身分析

竞争业态机会挖掘和主力消费群体挖掘基本可以确定出项目的商业业态。此时，结合项目的自身条件，分析项目所处位置、地形条件、规模等，可对可选业态进行调整，定位出最适合本项目的商业业态。

3.主力消费群体挖掘

通过详细的市场调研和问卷调查，明晰项目的主力消费群体，把握项目的主要服务对象。以目标消费者的真实、持久需求定位，参考年龄段、性别比、收入层次、文化层次、消费层次、消费倾向等调研数据，把消费群分为以下两种。

（1）核心消费群。商圈半径2公里范围内。

(2) 辐射消费群。商圈半径5～10公里范围。

六、购物中心经营方式定位

1. 三大经营方式

根据企业实力、经营目标、承受风险能力等因素考虑采用哪种经营方式,按实际情况,一般可以采用自营、招租、委托经营管理三种主流方式。

(1) 经营方式对比。这三大主流经营方式对比如表12-3所示。

表12-3 三大主流经营方式对比

经营方式	优点	缺点
自营	开发商资金回笼快,不用承担后期风险	1. 对地块原生的商业价值要求较高 2. 相对混乱,很难形成统一的商业形象 3. 不易获取商业物业的增值价值
招租	1. 统一经营管理 2. 获取商业物业增值价值	1. 资金回收周期长,资金压力大 2. 承担后期收益风险 3. 承担不确定因素所造成的风险
委托经营	1. 开发商资金回笼快 2. 实际收益放大 3. 统一经营管理 4. 增强投资者信心,促进销售	后期经营存在一定的风险

(2) 经营方式的适用情况。经营方式的适用情况如表12-4所示。

表12-4 经营方式的适用情况

经营方式	适用情况
自营	企业具有商场经营管理能力
自营为主,招租为辅	企业具有商场经营管理能力,但为扩大规模,充实服务功能,以招租形式引入一些核心经营业务以外的商户作为补充
自营为辅,招租为主	企业缺乏商场经营管理能力或营业资金不足
全部招租	企业无商场经营管理能力
委托管理公司经营管理	企业无商场经营管理能力

2. 经营方式定位

购物中心经营方式定位应把握图12-10所示的要点。

第十二章 购物中心项目策划

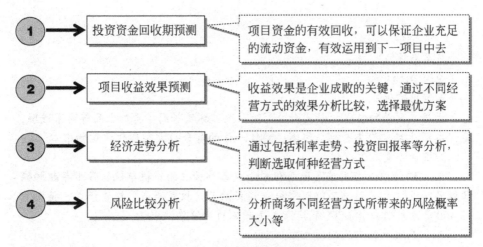

图12-10 经营方式定位要点

下面提供一份××购物中心项目总体策划方案的范例，仅供参考。

××购物中心项目总体策划方案

一、项目SWOT分析

1. 优势、机会点

（1）地产必然的增值性加上××大厦所处地理位置的优越性，使商铺具有巨大的升值前景。

（2）一次性返租五年使投资门槛大幅降低，市场接受面广，中等收入者都可以投资。

（3）合作商家"好又多"的品牌效应将大大增强客户的信心。

（4）十年租约降低风险，并有稳定的回报。

（5）产品的多样使得不同层次的投资者都可以找到自己的选择。

（6）发展商的实力及对操作同类项目丰富的经验。

2. 劣势、威胁点

（1）多年空置对买家信心有不利的影响。

（2）买家可能对商场整体经营管理的信心不足。

（3）买家对这种投资方式不够了解，从认知到接受有必然过程。

（4）当地整体积压商铺已经达到160万平方米，市场气氛低迷。

二、项目定位

1.案名建议

××购物中心。

2.市场定位

根据本商铺的特点,以及周边商业人流、环境等因素再加上品牌商家进驻,建议本商业定位为集购物、休闲、餐饮一体的综合性大型现代化购物中心。

3.投资方案定位

××购物中心采用将商场面积分割成各个独立的产权单位,带十年租约销售给各小业主,并引进品牌商家统一经营的"产权式商城"投资模式。将所有13 400平方米划分成1 500个具独立房产证的产权单位出售。

各个产权单位产品构成方案如下。

(1)各产权单位面积在5~20平方米之间。有柜台、半开放式铺位、独立铺等多种形式。

(2)各产权单位均带10年租约,年租金回报率固定6.8%。

(3)每个产权单位由光大银行提供六成十年按揭。

(4)购买时,一次性返回5年租金回报。

4.目标投资客户群定位

主力客户群设为中等与中等偏上收入的中年人群。商铺投资作为一种较稳健型的投资模式,较适合以投资置业获得固定期限、可保证回报的理智稳健型投资者,同时同类案例操作实践也证明中老年人群较青年族群成交更为踊跃。

5.价格定位

物业价格的制定是一个综合而严谨的策略过程,在未对市场进行全面调研之前,制定本业态的商铺租赁价格显然是不科学的。现只针对商铺的销售价格进行初步定位:整个商城均价计划10000元。

(1)均价10000元,各层均价水平见下表。

各层均价水平表

层数	面积/平方米	均价/元	总价/万元
-1	2300	13 500	3105
首层	2000	13 500	2700
2	3200	10 000	3840
3	3200	8000	2560
4	3200	6000	1920
合计	13900	10 194	14170
98%销售折扣		9990.12	13866.6

各产权单位面积在5～20平方米左右，总价在5万～25万元之间。

（2）各面积的产权单位数量及所占的比例见下表。

各面积的产权单位数量及所占的比例表

面积	数量	占百分比
5平方米左右	450	30%
10平方米左右	550	36.67%
15平方米左右	300	20%
20平方米左右	200	13.33%
合计	150	100%

6.商场主题经营定位

（1）商场主题定位。一层主题：××世纪精品名店。对象：满足白领、金领消费族群对品质生活的要求，同时也提供家庭主妇在日常家居消费之外的较高物质需求。产品：主要经营品牌服装、珠宝、名表、高档化妆品。同时设置咖啡店、快餐厅与高档酒楼。

二层、三层、四层（已定）：××精品商场。

五层主题：儿童世界（和"××世纪精品名店"同一模式整体出租经营）。对象：以各类型家庭的孩子为主，集玩、食、购、学习和智力开发为一体的儿童世界。产品：按产品类型分区设置，如：按年龄分区的儿童服装、玩具反斗城、儿童摄影、理发、儿童图书。

（2）定位总结。由于有投资回报的限定（6.8%的投资回报相当于57元/平方米的租金水平），为了避免投资者以租金做比较，一楼和五楼不宜采取分割出租的经营方式。应采用提点和整体出租为宜。

三、产权式投资方式

略。

四、投资回报分析

略。

五、产权式商城操作步骤

略。

第十三章　商业街项目策划

阅读提示：
　　一个城市的商业开发量是城市规划的重要组成部分，而商业街的规划，又是一个城市商业规划的点睛之笔。

关键词：
目标对象的选择
规划设计
文化营造

一、商业街的特点

　　商业街就是由众多商店、餐饮店、服务店共同组成，按一定结构比例规律排列的商业繁华街道。商业街是城市商业的缩影和精华，也是一种多功能、多业种、多业态的商业集合体。商业街具有图13-1所示的特点。

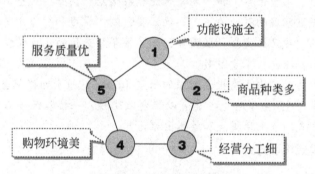

图13-1　商业街的特点

1.功能设施全

　　现代商业街至少应具有购物、餐饮、休闲、娱乐、体育、文化、旅游、金融、电信、会展、医疗、服务、修理、交通等15项功能和50～60个业种。现代商业街要求做到"没有买不到的商品，没有办不成的事"，最大限度地满足广大消费者的各种需求。

2.商品种类多

　　现代商业街是商品品种的荟萃，如北京西单、王府井和上海南京路。作为国际大都市的商业街，不仅要做到"买全国、卖全国"，而且要有比较齐全的国际品牌，既是中国品牌的窗口，又是国际名牌的展台，把民族化与国际化有机地结合起来。

3.经营分工细

分工细、专业化程度高是现代商业街的重要特色。现代消费已从社会消费、家庭消费向个性化消费转变。要求经营专业化、品种细分化。商业街除了少数几个具有各自特色的百货店以外，其余都由专门店、专业店组成。

4.购物环境美

现代商业街的购物环境幽雅、整洁、明亮、舒适、协调、有序，是一种精神陶冶、美的展现和享受，突出体现购物、休闲、交往和旅游等基本功能。

5.服务质量优

服务质量优是现代商业街的优势和特点。除了每一个企业塑造、培育和维护自己的服务品牌，推进特色经营外，要突出商业街服务的整体性、系统性和公用性，提高整体素质，维护整体形象，塑造整体品牌。

二、商业街市场研究

1.消费者群体目标对象的选择

消费者群体目标对象的选择，指的是一条商业街消费者主体的界定，也就是一条商业街所能吸引到的、在商业街内有消费意愿的消费者群体。不同的商业街所应考虑的消费者群体是有所差异的，不进行细分容易使市场定位偏离主体，而如果对所有的消费者都进行考虑，又浪费人力财力，所以应选择消费者主体进行分析。

分析消费者主体，应该考虑图13-2所示的两个主要因素。

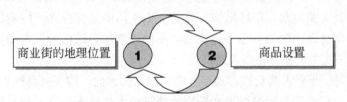

图13-2 分析消费者主体应考虑的因素

（1）从地理位置因素来看，市中心的商业街可以在较广区域的人口中再进行细分，而较偏僻地区的商业街，就应着重选择该商业街所能辐射到的一定区域的人口。

（2）从商品设置的角度来看，以日用品为主的商业街应重点考虑周围居民的人口因素，而以耐用品为主的商业街，其辐射区域就要大得多。

通常人们在购买日用品之前，更多考虑的是交通便利因素，大多愿意就近购买；而当购买耐用品之时，就更看重产品的质量与信誉，所以对交通便利因素考虑得少一些。如果商业街的产品设置多为年轻人追求、喜爱的用品，那么决策者应重点分析年轻人的消费心理及变化趋势；同样，如果商业街内流动人口比重较大，决策者们就应该在这一部分人口群体的消费需求上多花精力。

总之，不同的商业街其消费者主体的界定应有所不同，对消费者进行细分有利于市场定位的成功及资金的合理安排。

2. 商业街市场定位所应考虑的消费者因素

商业街市场定位所应考虑的消费者因素有图13-3所示的几个方面。

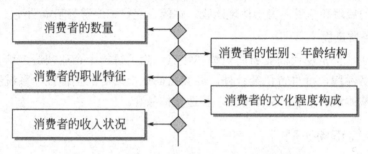

图13-3　商业街市场定位所应考虑的消费者因素

（1）消费者的数量。一定数量的消费者是建成一条商业街的先决条件，也是确定一个商业街规模大小的基础。市场规模的大小由那些有购买欲望并且有支付能力，同时能够接近商品或劳务的现实购买者与潜在购买者决定，如果现实购买者与潜在购买者越多，市场规模就越大。而这些购买者数量的多少自然也决定于人口状况。在人均消费水平已定的条件下，人口数量越多，增长越快，市场规模就越大。所以人口数量因素，应成为商业街规模确定必须考虑的因素。

（2）消费者的性别、年龄结构。随着人们生活的日益提高，性别、年龄的不同在消费中所体现出的差异越来越明显，不同性别年龄结构的人在购买力、消费心理及消费层次上的差异是很大的。

一般来讲，年轻人购物较容易有冲动、攀比的倾向，购买商品注重的是外表、款式及时尚，在购买前所做的思考较少，同时由于年轻人的收入相对较低，对商品档次的追求无力过高；而中年人的消费心理就较为成熟，对服装的需求量也比年轻人有所下降，对于商品更注重质量与品牌，持币待购现象比较普遍，有一定的购买潜力。

同时，不同年龄段的人口，在耐用品消费上所体现的差异性更大。不同性别的消费者在消费中的差异主要体现在消费心理的不同上，女性较之男性，在购物上更为谨慎、细腻和爱美。在大城市中，女性购买服装、化妆品、鞋袜等商品的比例要明显高于男性，在一些城市设置女人街也正是充分利用了这一特点。

> **策划利剑**
>
> 在为商业街定位之前，应充分考虑以上因素，不仅要分析消费者中各性别年龄段人口所占比例，还要对未来各年龄段人口数进行预测，注意下一阶段的变动趋势，不断调整，才能取得成功。

（3）消费者的职业特征。不同职业的人所处的工作、生活环境及收入水平差异较大，反映在消费上，也会形成较大的差异。如果把从事不同职业活动的人按脑力劳动者和体力劳动者粗分为两大类的话，可以看出，脑力劳动者的想象力和联想力较丰富，审美意识强，他们比较注重商业街的外观造型、橱窗陈列、色彩搭配等，对产品的追求注重品牌和内在质量。随着市场经济体制在我国的确立，在分析人口特征时，应兼顾不同单位类型的劳动者在需求中表现出的差异。

比如，在外资企业工作的职员，工作节奏较快，自由支配的时间很少，所以他们购买商品的目的性较强，易出入固定的购买场所。另外，由于所处环境的关系，他们多追求高档名牌产品，女性对服装、化妆品及首饰的需求量较大。对这类消费者应体现出商品的新风格、新款式，时髦商品可以首先在他们身上展示出来。

（4）消费者的文化程度构成。消费者的文化程度构成是人口素质中的一个重要部分，对商品需求的影响相当明显。人们的市场需求随人口文化结构的变化而不断变化。文化素质较高的消费者对文化消费等发展资料的市场需求相对较大，而文化程度构成较低的阶层，即使收入水平与知识分子阶层相当，其消费的重点往往仍停留在吃、穿、住等消费资料上。

（5）消费者的收入状况。消费者的收入是影响消费构成和消费水平的重要因素，因而应成为商业、企业在商业街定位时考虑的重点。总的说来，收入高的消费者，他们的消费水平也较高，在面对同类商品和类似的商品时，往往会选择质量好而价格较高的商品。相反，低收入者就不具备这种消费能力。消费者的收入，也是市场规模大小的一个重要的测量器。

3. 商业街市场定位所应考虑的交通因素

交通问题向来是商业街建设的一个难点问题，主要表现在交通与流通的矛盾关系上，一方面交通带动流通，另一方面流通又限制了交通，商业街往往车流、人流停留率特别大，特别是人们逛街、购物，要往返穿行一条繁忙的城市公路，人为造成交通和商业的打架。

从西方国家的实践检验看，解决这一问题的主要做法就是商业的岛区化，即人与车的分离，把商业活动区域从汽车交通的威胁下解放出来，兴建步行街。但是，如果没有交通把人流带到步行街，步行街建设得再好也没有用，因此，步行街应该在交通交汇点的附近，或与主要交通干道平行，并在附近配有一定量的停车场，这是步行街繁华的一个重要条件。

另外，针对有的步行街过长问题，可以配备一些具有步行街特色的非机动车辆，供人们在疲惫时乘坐。也可采取在一定的时间段对公交车开放的做法，即半封闭管理。

比如，北京的王府井、中山孙文路、广州等地步行街，都采用这样的管理办法，大大减轻了对周边道路的压力。

三、商业街的规划设计

1. 商业街的尺度设计

商业街的尺度应该以行人的活动为基准，而不是以高速过往机动车为参照。购物行人所关注的纵向范围主要集中在建筑一层。对一层以上的范围几乎是"视而不见"。而横向关注范围一般也就在 10～20 米。

而超过 20 米宽的商业街，行人很可能只关注街道一侧的店铺，不会在超 20 米宽的范围内"之"字前行。这恰好说明了商业街建筑外观设计的重点应该在建筑外观设计的第三个层面上。

2. 建筑的外观造型设计

建筑外观造型的设计可以分为图 13-4 所示的三个层面。

层面一	建筑的宏观造型，也就是天际轮廓线，著名建筑的外观轮廓往往都很醒目，使人过目不忘
层面二	人在中距离上对建筑的感知方面，包括建筑开窗与实墙面的虚实对比，立面横竖线条的划分等
层面三	人到建筑近前，与建筑直接接触的微观层面。这一层面的设计重点应该是建筑细部和材质的运用

图 13-4　建筑外观造型设计的层面

3. 空间的设计

人在商业街内的活动和感知空间是三维的。所以设计师对街道的长度、宽度和高度都应有针对性地设计。具体如表 13-1 所示。

表13-1 空间设计要点

序号	设计要素	具体说明
1	长度	商业街的长度随商业的规模而定,没有一定之规。但作为商业街这样一个有聚合要求的场地,需要给行人在购物休息时预留能够驻足停留、感受观赏环境的空间
2	宽度	一般步行商业街的宽度宜在10~20米之间,超过20米宽的街道难有近人的尺度,商业街的宽度也与商业规模有关,但不等于说街越长楼越高,街应该越宽,空间的舒适度也是必须考虑的
3	高度	商业街空间的高度方向的限定应遵循以行人为基数的原则,并考虑二次空间的应用。在首层商业与二层住宅之间用雨罩、骑楼、遮阳等形式将商业空间与居住空间在室外区分开

4.风格色彩的设计

自然形成的传统商业街的诱人之处在于其不同时期建造,风格迥异的铺面杂拼在一起,造成以极其的多元化而达到统一的繁华效果。新设计的商业街往往因人为的统一而流于单调乏味。为追求传统商业街的意境,设计师应有意识地放弃追求立面手法简单的统一,甚至应刻意创造多种风格的店铺共生的效果。商业街的魅力就在于繁杂多样立面形态的共生,这也是商业街与大型百货商厦的区别。

5.外装面材的选择

商业街建筑与其他建筑外观的重要不同是店家需要根据自身商业的性质特点二次装修店铺外观,建筑的外观设计仅仅是一个基础平台。店家最起码需要安装招牌,有些连锁店还需要改为特定的颜色、样式。而招牌、广告、灯箱等室外饰物往往成为建筑外观中最惹眼的元素。失控的第二次外装可能会同原建筑设计立意冲突,甚至破坏建筑空间的效果。所以成熟的商铺外观设计应考虑改造外装的可能,预留店名、招牌、广告和其他饰物的位置。

6.景观、园林的设计

商业街室外空间与气氛的形成,主要决定于建筑的空间形态和立面形式,但也取决于其他一些建筑元素的运用,比如室外餐饮座、凉亭等功能设施;花台、喷泉、雕塑等、灯具、指示牌、电话亭等器材;灯笼、古董、道具等装饰;铺地、面砖、栏杆等面材。这些元素是商业街与人发生亲密接触的界面。若想使这一界面更友善,就需要从景观、园林的角度深化商业街的设计。

总之,商业街的设计不应是简单满足规模、流量、流程等技术指标,也应重视它所给人的心理感受。而为达到一个舒适、活跃而有新意的视觉与空间效果,设计师必须考虑人的尺度,从装修装饰与景观设计的深度来要求商业街外观的设计成果。

四、商业街的开发策略

随着消费理念的转变和商业模式的多样化,商业街在全国各地迅速发展起来,已成为打造城市名片的形象工程。那么,在众多的商业街中,开发商要采取什么样的策略才能打造出一条与众不同的特色商业街呢?一般来说,可以从以下几个方面来开发独具特色的商业街。

1.整体经营理念的区别

经营理念是CIS系统的核心,在同一条街上,不同的企业,可以有不同的经营理念。但为了构造统一的街区形象识别,则需要在整体上有一个统一的与其他商业街不同的理念。这一经营理念要逐步融入每个企业、每个经营管理人员的日常业务活动和行为中,需表现在商业街的视觉载体上。

2.目标市场的定位不同

企业选取不同的目标市场定位,会使企业采用不同的产品策略、价格策略和营销策略,并采取不同的经营方式和服务方式为自己特定的目标顾客服务。商业街同样有总体的目标市场定位,不同的目标市场定位会决定其商圈范围的大小、客流量及客流构成、功能构成与结构、业种业态的选择、投资和经营主体的确定等。

3.功能构成不同

以功能构成划分,商业街可分为主题型、综合型和混合型等不同类型。如图13-5所示。

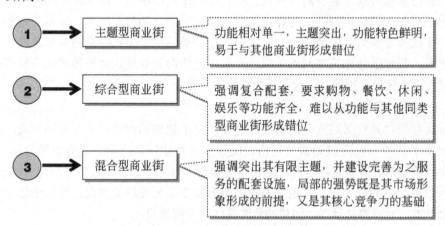

图13-5 按功能构成划分商业街类型

4.建筑形式与风格不同

商业建筑如果是以古典形式为主的,那么整个风格最好都是围绕这个特点来发展延续。但是,建筑形式与风格不同也可以突显某一部分的特色。

比如，位于北京世纪金源大酒店负一层的商业街，以其地道的欧式建筑而独树一帜，风格鲜明。

5. 交通组织的不同

科学合理的交通组织不但使商家的经营因此获益，直接影响顾客在实现消费时的切身感受，同时又是商业街空间结构的功能分区的标识。

比如，苏州周庄镇商业街利用其水乡的特点，通过游船实现人流交通。

6. 商业环境与商业氛围不同

商业街商业环境的营造，由多种因素构成：建筑物、卫生、街景、夜景、绿化、灯光照明、广告及悬挂物、雕塑、城市小品等，均是商业街环境的组成部分，这些构成要素形成商业街的环境特色。同时，商业街的环境必须体现其整体统一性，这样才能从总体上有别于其他商业街。

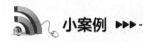 小案例 ▶▶▶

上海市南京路的开发策略如下。

（1）错位发展、以高取胜。静安区坚持"错位发展、以高取胜"发展理念，积极实施品牌战略，把商业功能升级换代作为南京路商业发展的重要举措，建立静安南京路置换办公室，制定调整方案和推进措施。突出高档、高端，加强与招商载体、外资企业联系洽谈，吸引企业总部和国际品牌入驻。

（2）升级换代、积极引进。静安区通过腾笼换鸟，对南京路沿线商家功能调整及门面改造，盘活商业网点资源；引进国际著名品牌在南京路开设旗舰店，形成了大型高档购物中心、专业商厦、专卖店三个层次的商业组合。

（3）注重宣传、整体包装。为优化商业环境质量，增强影响和提高知名度，南京路先后举办"激情创意法国精品展"、"国际购物嘉年华活动"等国际性宣传活动，积极宣传、包装和造势，实现打响南京路品牌与静安区商业发展相结合。

五、商业街的文化营造

1. 商业街的文化类别

随着城市现代化的深入发展，都市生活节奏的不断加快，人们需要利用一些场所来放松紧绷的思想情绪。酒吧的宽松氛围、咖啡的清香、顾客间若即若离的人际关系与和谐轻松的环境，适合现代人的精神需求。于是各类酒吧、咖啡屋应运而生。巴黎的香榭丽舍大街将这种咖啡馆文化推向了极致，而成为闻名世界的休闲步行街。对商业休闲步行街区必须进行文化打造。在设计实践中一般追求几个类别,如表13-2所示。

表13-2 商业街的文化类别

序号	类别	典型代表	备注
1	时尚潮流文化	重庆南滨路、北京"798"	追求现代流行的文化风潮
2	异国情调	成都"国色天香"、阳朔西街	移植欧美海外风情
3	时代文化主题	成都"芙蓉古城"	中式古风文化
4	民族民俗文化	九寨沟边边街、成都锦里	以当地民俗、宗教、少数民族风格情调为基础

2.商业街文化营造的要点

休闲步行街要营造文化内涵。一座城市中的休闲步行街与商业街区中步行街的发展,有着明显的区别。商业街重点营造购物环境,而休闲步行街则主要营造休闲娱乐环境。因此休闲步行街的建设更注重外部空间的环境艺术氛围的渲染及城市文化内涵的挖掘,以体现休闲特色。一般来说,要注意从以下几个方面来营造具有特色的文化商业街。

(1)要明确文化定位和产业定位,并不断丰富和提升其内涵。

(2)要从特色文化街、特色商业街向特色产业中心转型,整合产业相关资源,选择周边适当区域拓展建设,完善产业链条,使产业资源向纵深发展,并引入关键机构和有潜力的企业,形成特色产业中心或产业园区。

(3)大力开发特色文化旅游产品,做好文化产品营销、文化旅游服务。

(4)以当地文化特色为轴,形成轴轴、轴面拓展与整合的街区格局,保持传统特色的建筑风貌,维持传统文化氛围,建设街景小品,突出文化品位,也形成街道标志。

(5)发挥老字号的影响力和带动作用,给人以中国传统文化博物馆之感。

(6)成立传统文化管委会,将城管、环境卫生、交通等管理都扎口在这里,为长效管理奠定了基石。

(7)举办各类活动,并常年坚持,形成品牌会展,炒热聚集人气。

(8)注重交通条件的改善,有条件的话,考虑建设地下停车场,改善行人交通。

(9)通过现代媒体和营销方式的创新,实现大品牌、大传播,进而拉动文化产品的创新和街区产业的发展。

下面提供一份××商业步行街策划方案的范例,仅供参考。

××商业步行街策划方案

一、市场定位

设置上海风情街,通过带有明显上海风情的建筑符号、特定的业态分布,以及各类上海特色商家的引进,建设成为具有独特上海风情、多元化的商业步行街;也就是集购物、美食、娱乐、休闲于一体的全景化上海风情步行街。

这种主题式的商业步行街的最大优势在于能够最大化提升项目的商业使用价值,这种商业价值的提升不仅来自于步行街商业形态本身,更重要的是源于具体鲜明个性化的主题式内涵,最大限度地提升商业的附加值。

二、功能定位

吃喝玩乐于一条街:集吃喝玩乐于一体的功能定位,使整个上海风情街的功能更加丰富,业态分布更加完善。从而形成业态上的错位经营,各功能区的相互促进,进而有助于进驻经营商家形成良性和相互促进的竞争经营格局,不断提高项目整体的商业价值,向投资经营者充分展示项目广阔的发展前景。商业步行街各种功能见下表。

商业步行街各种功能一览表

吃	开设各种美食机构,包括西餐厅、主题餐厅(比如巴西烤肉餐厅、日本音乐餐厅、韩国料理厅、琉璃工房主题餐厅等)、上海特色的美食(如灌汤小笼包等)等
喝	包括咖啡廊、拉茶餐厅、休闲茶馆在内的各种休闲餐饮机构
玩	在广场上设置各种休闲、娱乐的设施,并定期在这里搭建展台,组织各种促销与展示活动,使之成为商业街的核心之一,人气聚集和顾客休闲娱乐的地带,顾客在此可以自由地玩乐
乐	以知名商家构成步行街的核心商家,并以不断更新的品种,富于特色、新潮的店面装饰和长新的促销手法赢得稳定的消费群,让消费者在消费中体验购物的快乐

三、项目核心卖点描述

(一)地段优势

1.对外交通便利

项目位于××高新技术开发区,靠近高速公路和城市快线,市级对外交通十分方便。

2.主干道旁的临街商铺

××路是××高新技术开发区的主干道,而项目的主要临街店面就面向××路,保证项目周边人流和车流畅通。

3.附近有多个住宅小区,小区业主消费能力强

××高新技术开发区内有多个大型住宅小区,而且小区的居民都是消费能力较强的消费人群。项目的多功能步行街肯定能吸引这部分人群,形成××地区的商业中心。

4.附近的××河有较高的观光价值

建设中的××风光带肯定会吸引更多的旅游人流来到××区;同时,作为××区未来的商业中心,本项目肯定因此而得益。

(二)规划优势

1."一街两广场"的步行街设计

一条200多米长的商业步行街设有2个商业广场,有足够的空间聚集人气和为顾客提供休闲娱乐的场所。独一无二的"双广场"设置必定为商户带来更多的人流量。

2.步行街注入具有上海风情的文化内涵

将步行街一带设计为充满具有上海风情特色的商业步行街,在保证绿化植被与休闲设施有机组合的基础上,为步行街注入丰富的文化内涵,大大提高项目的附加价值,从而吸引更加旺盛的人气。

3.一层商铺间间独立,间间临街

双步行街的设计,每个商铺都是独立临街,每个商铺都可以享受到庞大的消费人流和旺盛消费力。

(三)项目定位

1.上海风情街——主题式商业步行街

独具特色的上海风情商业步行街,在满足人们购物、美食、娱乐、休闲一站式需求的同时,更是以其丰富的文化内涵,打造××区首个具有主题式的商业步行街,从而吸引最大限度的客源,为商家带来滚滚人流,大大提高商铺的商业价值。

2.吃喝玩乐一条街

"消费就是一种休闲,购物就是一种享受"。集吃喝玩乐为一体的多功能步行街商业步行街全面颠覆传统购物模式。在充分发挥商业步行街优势的同时,通过优雅、舒适、休闲的环境、不同业态的错位经营,优势互补。最大限度激发消费者的无限消费欲望,形成最强大的消费动能,为商家带来最多的成交机会。

（四）经营管理

成立专业商业运营机构。

商业管理对步行街的永续经营起着至关重要的作用。本项目提前引进专业商业运营机构，提前制定管理公约，维护商家与消费者的正当权益，为项目提供全面优质的专业服务。进行统一招商、统一管理，提升步行街的整体形象，确保物业保值增值，保证项目整体的永续经营，永续兴旺。

（五）销售措施

1. 三年返租计划

客户在购铺后，将商铺前3年的经营权交给商业运营公司，获得3年共24%的利润分成（平均每年8%的回报），24%的购铺款一次性在首付款中冲减，无需支付。

2. 带租约发售

发展商将前期意向的租户介绍给该商铺的买家，为买家提供稳定的租约，保证商铺的投资回报，增强买家的信心，即买即收租。

3. 其他销售卖点

——首期仅需3万元即可做老板。

——多家上海知名商家进驻，带来更旺盛的人流，商业价值一升再升。

——商业运营公司全面启动，经营旺场再添砝码。

第十四章　主题公园项目策划

阅读提示：
　　主题公园是依靠创意来推动的旅游产品，因此，主题公园的主题选择就显得尤为重要。

关键词：
主题选择
区位选择
创意设计

一、主题公园的特点

　　主题公园是根据某个特定的主题，采用现代科学技术和多层次活动设置方式，集诸多娱乐活动、休闲要素和服务接待设施于一体的现代旅游目的地。

　　现代旅游方式正逐渐由单一型向复合型、多元型发展，由封闭型向开放型发展。从对那些成功运行的主题公园的分析中我们可以一窥现代主题公园发展具有图14-1所示的几个新特点。

 现代主题公园注重各种设施的配套，发挥旅游设施的多元功能，集中体现了当代旅游业发展的特点

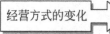 现代旅游业不再仅仅依靠固有的旅游资源，而是在充分利用天然旅游资源的同时，主动创造景点景观来吸引游客

 具有多重审美意蕴的整体性审美，其观赏娱乐价值是多方面的。这种多面的形式特征巧妙组合，构成生机盎然、形式多样的主题公园

 一方面是指多适性：能适应不同层次、不同年龄游客的需要；另一方面是指可变性，能适应游客不断增长、不断变化的旅游需求

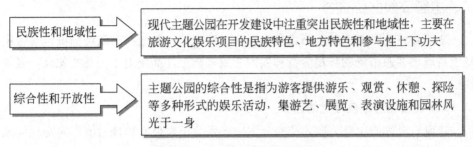

图14-1　主题公园发展的特点

二、主题选择与定位

主题公园是依靠创意来推动的旅游产品，因此，主题公园的主题选择就显得尤为重要。目前，我国主题公园的主题定位主要有三种，如图14-2所示。

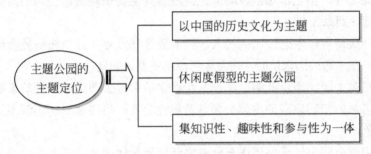

图14-2　主题公园的主题定位

对主题公园来说，只有主题独特、个性鲜明，才会对游客产生强烈的吸引力。每一个成功的主题公园都具有强烈的个性，也就是旅游业常说的"特色"，有的甚至具有不可模仿的独特性。总之，主题的独特性是主题公园成功的基石。

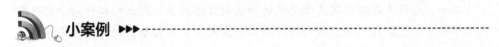

小案例 ▶▶▶

常州的春秋文化乐园，以中国春秋文化品牌为依托，侧重于其文化氛围的打造，独创性地提出了"国内首家以春秋文化为表现内容的主题园"的定位和目标，并以春秋历史文化为主题包装打造各类游乐项目及景观、建筑设计。该文化主题乐园以春秋人物故事、历史事件、科学文化、哲学智慧等素材作为内容，提炼春秋文化中最有特色、最灿烂的部分，形成情节故事组团，集中展示春秋文化多个方面，最终以震撼的场景与火爆的游乐方式展现在游客面前。

三、主题公园区位选择

选址好坏是影响主题公园成功与否的重要因素。主题公园园址的确定必须根基于对周边客源市场的详尽分析和实地考察基础上,而绝对不能凭空想象,轻率拍板。

1. 主题公园选址应考虑的因素

建设一个好的主题公园,应充分重视市场分析定位和市场占有,对文化内涵做出正确的商业价值判断,提高重游率和投资收益比,并通过旅游乘数效应带动当地其他行业的发展。

（1）主题公园客源市场与周边地区常住人口和流动人口数量紧密相关。一般来说,主题公园周围1小时车程内的地区是其主打市场区位,这些地区人口数至少要达到200万人;2~3小时车程内的地区为其次要市场区位,人口也要超过200万人;除此之外,第三市场区位和远距离游客则主要依赖主题公园的品牌影响力和便利快捷交通系统来导入。

（2）一般而言,主题公园高投入、高消费的特点使其深受腹地社会经济的影响。因此,在主题公园选址时,应首先考虑经济发达的地区。

（3）同类主题公园企业的区域分布状态也是主题公园选址决策的重要参考依据。同一区域内相同主题的主题公园呈密集性分布,势必会引起客源不足导致企业恶性竞争。

（4）主题公园园址选择还需充分考虑园址所在地区的交通条件,以方便客流自由出入。主题公园所在地区要求有比较健全的立体交通系统,特别是在主题公园附近至少要有一条能容纳大交通量,并有良好交汇地点的主要道路,以及一条辅助性可作为紧急出入口的次要道路。主题公园发展商应积极创造良好外部条件,主动引导和迅速输送客源。

比如,大型主题游乐园要求要有较独立的客流来源,因此比较倾向于定位在大都市的中心或近邻地区,或者选择建在地方都市及其近邻,以方便包容预定客源市场所需的绝对人口数量。这也是基于我国绝大部分游客仍主要依赖大众交通工具而不似欧美国家居民一般皆有汽车这一原因的考虑,因此主题公园一般选择在经济较发达、旅游人数多的大城市周边或交通基础设施便利、有公共交通系统连接的地区。

小型主题公园的客流吸引力较弱,需要利用园址所在地区已有的旅游资源和市场知名度带来客源,因此它们一般设在大型主题公园主要市场附近,或设在避暑和旅游观光胜地,又或者多个小型的不同主题的主题公园组合聚集在一起,为游客提供多样化的服务。

2.影响主题公园选址的因素

在假设主题公园的主题、投资规模、项目内容已经确定的前提下,图14-3所示的因素就是影响主题公园选址的关键因素。

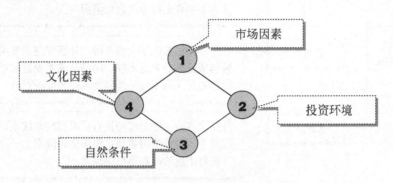

图14-3 影响主题公园选址的因素

(1)市场因素。市场因素主要包括客源市场状况和竞争市场状况两个方面。

客源市场不仅要有充足的"量",而且要有一定的"质"。客源市场的"量"是由主题公园所在地的常住人口数量和流动人口数量决定的。客源市场的"质"是由目标客源的消费能力和消费习惯决定的。

市场竞争状况指在同一空间区域内,竞争对手的积聚程度和竞争状况。集聚经济指出多个竞争个体在一定空间上的集聚,会提高整体的竞争力,同时过分的集聚,则会引起恶性的竞争。

> **策划利剑**
>
> 主题公园的选址过程中,既要考察依托地的竞争对手的数量,是不是具有集聚效应,又要注意是不是竞争过于激烈,没有发展空间。

(2)投资环境。投资环境主要是对投资依托地的软硬件及其投资成本进行分析,考察是否适宜投资。投资环境主要包括图14-4所示的指标。

(3)自然条件。自然条件主要是指气候状况和地理特征等。气候条件主要是指依托气候季节差异较大,将影响主题公园的经营状况;地理特征的不同,主要体现在依托地的地貌、地形状况,这些因素将会影响到主题公园的前期建设成本。

(4)文化因素。文化因素主要体现在图14-5所示的三个方面。

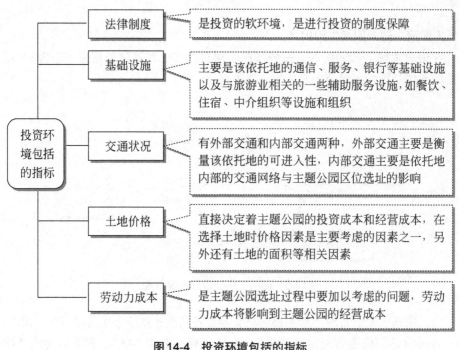

图 14-4 投资环境包括的指标

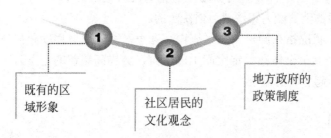

图 14-5 文化因素的主要体现

四、主题创意设计

主题公园的主题选择需要创新思维,主题公园的经营更需要不断推陈出新。只有这样,主题公园才能永远保持对游客的新鲜感,生命周期得以延长。在进行主题创意与策划时,要紧紧围绕"旅游者的需求",突出休闲娱乐的特性,表现"旅游新形态"。为此,发展商在主题公园的景观设计、旅游产品后续更新方面必须走在市场前列。

1. 主题景观的创意设计

目前我国主题公园的发展有个很典型的特征,那就是生命的周期性,很多主题公园在开业前几年达到某一峰值后就很难再次超越，开始走下坡路。造成这一局面的重要原因是目前我国主题公园大多是静态景观造成的，游客进行的是走马观花的纯观光型活动，参与性娱乐项目比较少，比较容易感到乏味。这种直观性强的静态景观，游客参观完一次后缺乏重复消费的动力，从而导致游客的重游率很低。

主题公园的主题需要借助形象的景观来表达，因此园内的景观设计十分重要。我国早期主题公园建造的多数是静态景观的状况迫使主题公园发展商开始对园内的静态景观进行改造，设法在静态景观中注入动态元素。

比如，新奇特景观的创意，骷髅头跌水、金矿小镇、玛雅时代等大多利用魔幻、卡通、历史等手法进行创意设计。

2. 主题公园创意产品的策划与设计

主题公园静态人造景观一旦建成后具有一定的稳定性，后续可塑空间毕竟有限，而参与体验项目决定了园区的核心吸引力是否可持续发展，所以这些项目的包装设计需由专业人员的主观创造性进行设计包装。

比如，华侨城股份公司在编排广场演出节目上就不断创新，其推出的《绿宝石》《创世纪》等大型舞蹈表演美轮美奂；组织的火把节、啤酒节等民俗节庆狂欢、主题晚会精彩纷呈。这些引人入胜的项目设计极大地提高了主题公园重游率，也创下了我国主题公园延长生命周期的成功范例。

五、主题公园的开发模式

从旅游业角度，主题公园是提供旅游体验的旅游产品。在商业上，主题公园则是投资大、风险高的新型旅游专案。故此，成功的主题公园是需要商业和旅游业共同开发，互惠互利。

1. 区域综合开发模式

依托自然景观和文化资源，先营造具有影响力、冲击力的主题公园，创造出区域性旅游资源，再依托这一区域性旅游资源的关联带动作用引来人流物流，趁势进行商业配套、康体娱乐、休闲度假和房地产项目开发的"1+N"体系构建，成为多产业融合的城市功能区。

比如，深圳华侨城早期的主题公园都采用这一模式，现已建成四大以主题公园为主体，集旅游、展览、娱乐、居住为一体的大型旅游度假村，并开创了成熟的"旅游＋地产"经营模式。

2. 品牌连锁扩张模式

品牌作为联系企业的纽带，对于扩大企业规模、提升服务质量、整合市场资源、强化市场营销具有极为重要的作用。共享同一品牌的企业不仅可以互通人才、信息，而且可以共享市场。同时，品牌所有者还可以通过品牌经营实现高额回报。

从国外主题公园的发展来看，其快速发展大多采取连锁经营的发展模式，即通过一定品牌的连锁经营来逐步扩大市场份额，其中最为典型的就是迪士尼乐园，它通过在全球各地建立各种不同主题的乐园来实现快速扩张。

六、主题公园的规划设计

一个大型主题公园的开发不但需要项目内容新颖、个性强烈、资金充足、用地条件好之外，还需要考虑主题公园各分区布局的设计。一般来说主要包括以下几个方面的规划设计。

1. 节点设计

主题乐园的节点主要指的是道路交叉口、景观小品、入园大门、分区出入口等。这些节点的设计首先就是形象和立意要与主题保持一致性，此外还要做得夸张一点，便于游客寻找和辨别方位。此外，还应该具有适合的大小与所处环境能够充分融合，充分发挥其点缀环境和导引游客的功能。

2. 地标的设计

目前，国内大多数主题乐园并没有给游客留下深刻的印象，或者说其形象并没有深入人心，跟其地标的设计有一定的关系。一个主题乐园要想让人们对它印象深刻一定要有它的标志，可以是它的吉祥物、它的地标。

> **策划利剑**
>
> 主题乐园的地标设计一定要能生动地表现主题，诠释主题的含义，还有明显的可识别性，对游客起到一个导视作用。一般来说，地标的设计可以是要么体量、高度惊人，要么是夸张或者有一定的历史背景和故事。

3. 各功能区域的规划设计

分区规划就是将整个公园分成若干个小区，然后对各个小区进行详细规划。根据分区规划的标准、要求的不同，可分为景色分区和功能分区这两种形式。具体如图14-6所示。

其中，功能区包括停车场分区、游客服务分区、住宿饭店分区、公共空间休息区、主题馆区等，在做景观规划设计时要充分考量地形和坡度，结合土地使用规范，配合游览线路进行规划。主题乐园每个分区的规划设计一定要各有特色，一定要使游客有非常强烈的空间和领域意识，让游客从心理上慢慢接受这个非现实的世界，让其真正融入其中流连忘返。

> 景色分区
>
> 景色分区是我国古典园林特有的规划方法，在现代公园规划中仍时常采用。景色分区是将园地中自然景色与人文景观突出的某片区域划分出来，并拟定某一主题进行统一规划

> 功能分区
>
> 功能分区理论强调宣传教育与游憩活动的完美结合，因此公园用地是按活动内容来进行分区规划的

图14-6 主题公园分区的类型

4. 游览线路的规划设计

（1）在进行游园线路规划的时候要做到人车分流，在保障游客的安全性之外，主要以方便游客游园，做好车行和步行的交接。

（2）要考虑好服务性专用车道的设置，要与游园线路分离。如：消防车、工程车、商品供应车辆、垃圾清洁车等的专用车辆要保证不能出现在游客的视野里。还要考虑地形和坡度，有利于排水。

（3）在游园线路沿线景观设施的规划设计上要能做到有系统地引导游客的视线，在进入每一个分区时，最好能让游客有惊奇的发现，就像乐园的大门一样，塑造十分强烈的领域感，在游园的线路上固定距离最好设置休息设施。

七、主题公园的营销策略

主题公园的营销策略主要有图14-7所示的两个方面。

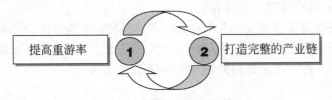

图14-7 主题公园的营销策略

1. 提高重游率

如何提高主题公园的重游率，是现代主题公园发展亟须解决的问题之一，也是主题公园持续发展的主要途径。有效客源半径内的潜在消费者是最有条件和最有可能进行再次游览消费的群体，有效客源市场半径一般指在主题公园周边200～300公里的范围内。主题公园发展商需要针对有效客源半径市场采用灵活的营销策略，可以通过以下三种途径改变营销策略。

（1）发展商必须将主题公园新的旅游内容通过有效的传播手段，及时传递给潜在消费者，提高主题公园的曝光率，加深其在潜在消费者心中的印象；或通过在主题公园内拍摄影视作品的方法激发潜在消费者的好奇心，通过影视拍摄等方式极大地扩展其知名度，从而达到拉动消费的效果。总之，发展商应重视将主题公园的各种正面信息向市场传送，以保持其对消费者的持久魅力。

（2）发展商需要针对主题公园所在地的经济消费水平和客流的淡旺季波动情况，除了进行灵活定价以外，最重要的是园内的游乐项目的设置，要让人流连忘返，以提高本地市场的重游率。

（3）我国的主题公园客源市场定位一般比较广泛，随着市场竞争的加剧，一些发展商开始面对特定市场量身设计制作主题公园，在营销上全力争取细分市场客源。与此同时，一些大的主题公园发展商为防止新兴建的主题公园分流客源，在新主题公园的主题选择、旅游项目设计上也有意识地加强了客源市场针对性。

2.打造完整的产业链

世界上成功的主题公园主要盈利点是娱乐、餐饮、住宿等设施项目，门票收入只作为日常维护费用。主题公园的收入结构中，门票收入只占20%～30%，其他经营收入占大头，主要靠不断提升品牌知名度吸引游客，在获得门票收入的同时，通过出售具备知识产权特点的旅游纪念品获得二次盈利，又由于旅游纪念品的发售进一步扩大品牌的影响力，这一盈利模式具备一种顽强的生命力。

主题公园的另一个成功盈利模式是"主题公园产业化发展"，即打造主题公园产业链，把主题旅游与主题房地产结合起来，再加上主题商业，突破了单一的旅游或房地产的概念，把关联产业相联合，互为依托，相互促进。地产、商业和公园的景观可以互为借用，三者的规划互为呼应，成为一个融居住、娱乐、商业等要素于一体的比较完善的人居系统。

此外，还推动了度假设施及旅行社、歌舞演艺、策划设计、动画、网游、主题消费品等与主题公园相关联的其他产业的综合发展，以发挥整体效益。

下面提供一份××游乐园策划方案的范例，仅供参考。

××游乐园策划方案

一、项目概况

"××游乐园"项目选址于××市南郊，项目规划地块为农用地和集体建设用地，总用地面积约××公顷。

（一）项目建设内容与建设规模

本项目建设内容包括建设接待服务区、儿童游乐园区、体育健身区、田园生态区、滨水景观区、建筑区六大功能分区组成。项目建成后，将形成一个供市民体育健身、文化交流、休闲娱乐的公共活动场所。该项目以一些大型儿童游乐设施为主，拟建成当地首屈一指的儿童游乐天地。

（二）项目建设工期

本项目从前期准备工作到开始建设，需用12个月时间完成施工。

（三）项目总投资及资金筹措

略。

（四）环境影响及社会经济效益评价

略。

二、项目建设地点

（一）项目选址

"××游乐园"项目选址于××市南郊，本规划地块为当地农用地和集体建设用地。

（二）项目用地现状

"××游乐园"项目用地形状为长方形地块，用地范围内主要是荒地，原有建筑主要是农民居住点。

三、项目建设条件

略。

四、项目建设方案

本项目建设方案是根据规划用地的现状、地势、地形、地貌、周边发展要求等方面因素来分析、拟定的确实可行的园区规划。设计意在创造一个阳光、休闲、运动、健康、生态的休闲娱乐空间。

（一）现状分析

（1）土地使用现状（略）。

（2）道路现状。规划场地内的现状道路多为田间土路，部分为田间羊肠小径，路面未经硬化，多数道路与用地外部道路相接。宽度比较窄，通行能力有限，很难适应未来的需求。规划中依地形走势和景点分布进行重新调整，综合解决现状所存在的问题，提高土地利用价值。

（3）地形地貌。游乐园规划用地为平原地貌，地势较为平坦，绿化率高，生态环境较好，规划用地内南侧的××河水位常年稳定，较利于规划建设的发展。

（二）规划思想

略。

（三）规划原则

略。

（四）规划目标

（1）把游乐园东部区域建成镇区的"休闲型文化中心"和"田园生态展示链"，展示田园文化特点。

（2）西区建设成为以"体育运动发展，精神传承"为主题的体育健身区。

（3）南侧滨水区建成以水为背景的开阔景观区域，丰富生态文化。

（4）为市民旅游者提供宜人空间的同时，考虑到为高新区的"白领"工作人员、企业高管人员提供午间休憩空间、交流空间、健身娱乐空间。

（5）为青少年、儿童提供历史文化教育、娱乐、野外拓展、课外课堂学习的空间。

（五）规划方案

1. 功能分区

规划根据场地性质、主体功能的不同将园区分为八个功能区。即：接待服务区、休闲运动区、专项运动区、极限运动区、休闲娱乐区、田园文化展示区、滨水景观区、保留建筑区。

2. 交通系统规划

规划园区内交通系统由道路、停车场、休憩场地三部分构成。道路分六种形式：公园主干路、公园次干路、专项道路、水上游览线路、环水线路、市政道路。

3. 景观系统规划

公园的景观规划主要是以景点建设性质为依据，以植被、小品、水域、建筑为内容，由两条景观主轴线、三条景观次轴线和三个陆地景观组团、两个水域构成。景观轴充分将场地内的所有景观区联系起来，形成一个大的景观结构网络，使得园区景观成为一个完整有序又能贴近市民生活的系统，从而提升城镇的休闲价值，丰富居民的生活。

4. 建筑风格

园内建筑在与地基、地形、地势、地貌结合的基础上，以小型、低层为主，风格多样，外观简约；在建筑平面布局和空间处理上力求活泼、富于变化；在功能使用上突显安全、便捷、经济。同时把建筑作为一种风景要素来考虑，使之与周围的山水、岩石、花草树木融为一体，共同构成优美景色。

5. 停车场和公共卫生间

规划园区设四个停车场，分别布置在出入口地带，与出入口广场相连。场地铺设透草防滑地砖，空间宽阔、流线清晰，为不同的车辆预留不同的停靠区域，避免车辆之间的碰撞、刮擦。植物以阔叶乔木为主，配以常绿灌木，形成大面积绿荫空间。停车服务以"人性化"为标准，控制程序专业，为游客提供一个安全、便捷、环保的停车氛围。

公共卫生间是园区的基础设施之一，各区域在游人的步行范围之内均有设置，并有明显的指引标志。外形与所处环境协调，材料环保，设施齐全，设计人性化。

（六）主要经济技术指标

略。

五、投资估算与资金筹措

略。

六、项目评价

××游乐园项目目前属于综合大型游乐项目。由于该项目建设时机良好，预计经营压力不大。另外，从未来长期投资回报的角度考虑，应该采用行之有效的方式降低游乐园的经营成本，提高游乐园的盈利能力，尽量保证实现经营中承诺的投资回报，降低中小投资者的投资风险，提高发展商的品牌形象。

整体来看，××游乐园项目的拟建是一种科学理性的发展手段，本项目运营条件成熟，时机合理，市场酝酿形势及周边配套完善，受国家经济发展总趋势及当地经济特点的利好影响，本项目前景展望非常良好。

第十五章 专业市场项目策划

阅读提示：
在专业市场开发运营的道路上，谁能"精准"定位，谁就已经一只脚迈入成功之门。

关键词：
开发要素
突出特色
商业模式

一、专业市场的特点

专业市场是指同类产品积聚于某一场所进行的交易、流通和配送；简单来说，就是相同系列的专业店、专卖店高度聚集的特色商业场所，它所呈现的是特定的客户定位、特定的经营行业定位。

专业市场与其他商业卖场形式相比较，主要具有以下几个方面的特点。

（1）专业市场是一种典型的有形市场。

（2）以批发为主，兼营零售。

（3）集中交易，有一定数量规模的卖者，接近完全竞争的市场结构。

（4）以现货交易为主，远期合同交易为辅。

（5）专业市场的主要经济功能是通过可共享的规模巨大的交易平台和销售网络，节约中小企业和批发商的交易费用，形成具有强大竞争力的批发价格。

（6）专业市场的优势是在交易方式专业化和交易网络设施共享化的基础上，形成了交易领域的信息规模经济、外部规模经济和范围经济，从而确立商品的低交易费用优势。

专业市场与其他商业物业的特点比较如表15-1所示。

表15-1 专业市场与其他商业物业的特点比较

商业物业类型	优势	劣势	消费方式及消费对象
专业市场物业	（1）产品多样性 （2）价格便宜	（1）距离可能较远 （2）商品档次较低 （3）购物环境较差	B2B，以下游企业、个体户为主，目的性消费为主
其他商业物业	（1）便利 （2）业态多样性	（1）产品选择性较少 （2）价格较贵	（1）B2C，周边老百姓 （2）目的性、冲动性消费兼而有之

二、专业市场的开发要素

专业市场由于规模庞大，投资金额巨大，一般都在几亿元至几十亿元。而市场的培育时间比一般的市场更长，一般要5～8年甚至更长时间才能成熟。这需要有足够的经济实力，在投资回报方面要有足够的预算。一般来说，想要打造一个成功的专业市场，需要具备图15-1所示的几个要素。

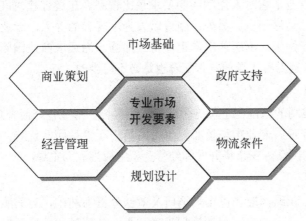

图15-1 专业市场开发要素

1. 市场基础

专业市场是商业地产中的一类目标产品，需要有市场基础，否则难以立足。以专业市场为目标产品的市场基础有以下两个。

（1）商业选址。商业各业态都有自己的选址标准，一般是人流、交通等。有些业态也会选址在一些商业网点不足的地区，看中的是未来的发展和人流。但专业市场尤其是专业批发市场不同，新的专业市场的生存和发展，必须依赖原有专业市场在若干年的发展中所培养起来的商圈氛围。

（2）产业条件。没有产业支撑或者集中产业区距离市场较远时，信息成本、物流成本、时间成本的增加，必然会带来经营成本的增加。产业条件不足的市场或者商圈就会在竞争中落伍甚至被淘汰出局。

2. 政府支持

专业（批发）市场的发展壮大往往离不开当地政府的大力支持。一方面批发市场的交易额较大，是政府税收的重要来源，各地政府较为重视其发展。另一方面，专业市场在发展中需要政府在政策、交通、配套等方面提供大力支持，这些支持是市场手段替代不了的。

3. 物流条件

专业市场的商品量大、流动性强，对物流环节有着较高的要求。新开发的专业市场选址不宜选在城区中心区，更不宜选在物流交通条件不便的地方。零售比重较大的万通市场、天意市场、秀水市场、雅秀市场，无一不是在城市主干道边。以批发为主的专业市场大都离长途客运站或火车站较近。

4. 规划设计

专业市场对硬件如电梯、停车位、空调、防火等指标要求越来越高。专业市场的业态性质决定了它对人流动线的要求也比较高。在进行建筑产品的规划设计时必须充分考虑到这一点。另外，随着以人为本观念的深入，专业批发市场的配套服务如餐饮、休闲、酒店住宿等也需得到加强。为适应商业国际化、信息化发展趋势要求，新建专业市场的宽带配套也是必不可少的。

5. 经营管理

专业市场成功的基础在于优势团队在资源整合下形成良好而合理的商业规划、招商、推广及管理。专业市场核心竞争力的第一要素是团队优势，其中具有长期经营管理经验的团队，在市场开发和经营全程中应当成为主导。

6. 商业策划

开发商与专业顾问应当以市场调研及效益分析为基础，对其所开发的专业市场作出商业策划。专业市场前期规划正确与否，是该商业地块开发成功的关键一环。只有做好前期商业规划工作，才能做到事前规避风险、减少失误，否则将增大项目失败的可能性。

三、专业市场规划的要点

随着市场体系的不断完善和信息技术水平的不断发展，现代专业市场在建设、运营、管理等方面均有别于传统的专业市场。这就需要开发商在规划建设专业市场的时候需要注意图15-2所示的几个要点。

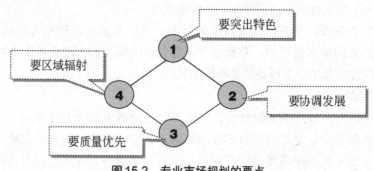

图15-2 专业市场规划的要点

1. 要突出特色

规划建设要突出特色，在经营项目、场所建设、市场交易和管理上突出自己的特色，由此形成较稳定的客源群。同时，要重视专业市场档次的提高，注重品牌形象，增强市场的竞争力。

2. 要协调发展

要协调好与城市建设、产业发展、环境保护、道路交通的关系，特别是市场的发展与现代物流业、电子商务、会展业、旅游业等行业发展的关系，即使市场的功能和层次得到提升，又促进现代物流业、电子商务、会展业、旅游业等行业发展，产生良性互动互补的关系。

3. 要质量优先

重质量，拓展除了交易以外的展示、包装、信息系统、物流配送、商旅互动等多种功能，注重金融、通信、餐饮、运输、会议、环境、卫生、消防、安全、停车场等综合配套。

4. 要区域辐射

站在大流通、大市场、大区域的角度，注意与周边地区的竞争与协作，确立专业市场的发展方向、发展目标和发展潜力，从而尽可能扩大专业市场的服务半径和辐射范围，增强专业市场的辐射力和影响力。

四、专业市场的有效定位

专业市场的大面积开发，进行准确定位成了项目开发一大难题。面对竞争激烈的市场格局和动态的市场因素，要解决项目定位的根本性问题，必须结合城市的产业特征以及当地产业基础与竞争状况，三者的有机结合才能够保证项目的可持续发展。房地产企业可从图15-3所示的几个方面，来考虑如何对专业市场进行有效定位。

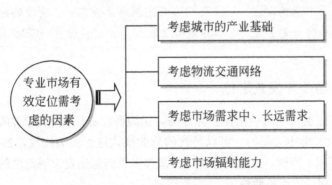

图15-3　专业市场有效定位需考虑的因素

1. 考虑城市的产业基础

很多城市都有显著的产业基础，产业基础的形成一方面是历史原因沉积的结果，另一方面是新兴市场蓬勃发展的结果。像很多城市的大型建材、家具市场就属于后者。对城市的产业基础进行透彻的调查、分析并依托产业优势创造的市场机会，使项目能够成为城市优势产业链中的一环，解决专业市场的后期经营的经营、招商问题。

2. 考虑物流交通网络

作为专业市场，首先要具备完善优质的交通网络。交通是流通的基础，只有大交通才有大流通。专业市场要火，每天就必须有巨大的"钱货"交易量，而这些都离不开优质完善的交通网络，只有具备这些基本条件才能为专业市场的进一步繁荣提供保障。

3. 考虑市场需求中、长远需求

市场需求永远是产品的生命力。作为专业市场，是消费者与生产商沟通的平台，是他们的中转站，不仅要解决谁来经营的问题，更要解决谁来消费的问题。只有以长远眼光考虑市场，以中、长远的市场需求为导向，真正为专业市场建立完善的配套服务体系，专业市场才能做强做大。

4. 考虑市场辐射能力

众所周知，专业市场的开发通常都是大规模的。通常来说，作为一个真正意义上的专业型市场，其辐射力要求相当高。大型的专业市场已经由简单"中转"功能迈向集"中转""积聚"的复合型功能。只有建造高起点的平台，才有专业市场的高标准发展。

> **策划利剑**
>
> 大型专业市场的定位，一定要综合考虑城市产业基础、交通物流条件、市场潜在需求和辐射力等诸多因素才能够为以后的良好经营打下基础。

五、专业市场商业模式定位

商业模式定位法主要是指在多元经济、无边界经济、网络经济的综合影响下，将各种与专业市场相关联的、可以替代的商业模式进行归类比较，然后整合与细分，再结合区域、商圈、土地、环境、价值等多重因素确定市场定位的方法。

1. 产业规划——定位前提

在专业市场遭遇强烈的新兴商业模式冲击下，对于专业市场进行产业规划，把专业市场本身看作是一个产业，结合专业市场产业特点，明确做什么类型的市场，按照什么样的商业模式运营。

（1）结合开发商自身资源和能力确定市场产业定位。通常，专业市场吸引力可以分为三个方面：市场建设规模、产业成长性和产业竞争度。

（2）结合专业市场自身的资源和能力。

（3）从平衡专业市场经营风险角度考虑，合理确定市场产业业态组合。产业规划应该逐步成为专业市场定位的基本准则。

2. 商圈判别——定位依据

专业市场所在商圈决定了市场商业模式选择和市场定位。随着专业市场行业日益规范，市场增长的持续旺盛，专业市场可以不受区域的限制，自由选择进入哪个城市。

专业市场会不断扩张和连锁，"新市场、老牌子"成为一些市场新扩张路线。

> **策划利剑**
>
> 专业市场可以学习和利用老市场的品牌和资源，绝对不是简单的模仿和雷同的定位，"新瓶一定要装新酒"。

通过对商圈基本判别，可以先找到合适的商业模式，再进行商业模式定位选择。专业市场成功有两种，一种是偶然的、不可复制的成功，大多是老市场，另一种是必然的、可以复制的成功，如红星美凯龙。

对于老市场开发商来说，以前更多的是一种偶然的成功，成功更多依赖的是机会和政府关系，随着行业逐渐规范，机会和关系也越来越难获得，成功就很难复制。

3. 商家型市场——定位基础

建设商家型专业市场已经成为专业市场转型和提升的关键。以往的专业市场属于开发商的地盘，开发商是市场物业管理者，商家只能在市场内老实地经营，无权进行动态型的运营。

市场定位是围绕开发商意愿确定的，而商家有创新商业模式也很难在专业市场内得到施展。由于面临专业市场投资过剩、新型业态不断涌现的情况，专业市场如果还是按照老市场运营方式，就难以得到商家认可。专业市场的地盘应该由商家做主，这是专业市场定位的基础，未来专业市场必然会从"商铺型专业市场"向"商家型专业市场"转变。

商家型专业市场将推动传统专业市场从面向库存的"推式销售"到面向终端的"拉式销售"的转变。其转型方向如图15-4所示。

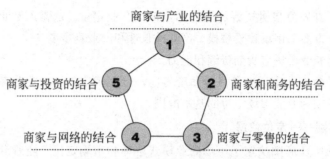

图15-4 商家型专业市场的转型方向

专业市场不再是物业管理商,而是增值服务商。商家型专业市场将逐步成为影响专业市场"产、存、销、展"产业链的重要因素,并逐步向专业设计、专业运营、专业物流的更高阶段发展。

> **策划利剑**
>
> 专业市场的定位其实是对商家定位,重新定义商家,为商家提供特别的功能和服务,从根本上创新商家型专业市场,通过商家的商业模式创新带动市场运营能力的提升。

4. 集成式招商——定位核心

将招商作为一种商业模式放在专业市场之前,市场建设完毕也预示着招商工作完毕,原本地产开发商一再强调不是地产开发商,而是市场运营商。

市场运营商是专业市场成功的基础和前提,当需要招商商家在市场建设完之前得到认可和落实,并且形成长期的战略合作关系,招商就如同安排好了的家具布置在建设好了的房子里一样。

集成式招商彻底改变了传统招商模式,最终关键点在连锁经营上。通过商业模式衍生和变革,引起传统专业市场实现本质上的转变,将是未来专业市场定位核心。

集成式招商需要长期积累和整合,未来的专业市场如果不在商家集成上具有优势,想实现专业市场的招商必然会遭遇更大的难题。

5. 双向运营——定位要素

卖摊位和做市场有着本质的区别。政府管理的市场优势正在显现,一些民营开发商建设的市场不断出现问题,这是产生区别的根源。

做市场就是做资源,做市场就是做运营。对于专业市场而言,不能重复"重建设、轻管理,重招商、轻服务"的传统思维方式。

开发商需要开发如图15-5所示的双向运营模式。

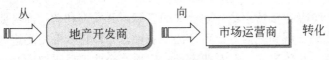

图15-5 双向运营模式

商业模式转换给运营商带来的挑战是全方位的。专业市场需要开发商树立双向运营意识，不仅要强调开发资源复用，更要重视市场资源复用。在双向运营模式下，开发商角色定位是专业市场定位的重要因素。

6. 价值链延伸——定位法宝

专业市场价值链决定了专业市场的价值和投资风险。通过对专业市场价值链的组合，可以判断专业市场是属于专业地产开发型、专业物业持有型还是专业市场投资型。

专业市场不仅要考虑市场摊位硬件价值，更要关注市场的品牌和服务的软件价值，尤其要重视市场的价值链。

（1）了解专业市场开发价值链各个环节的增值情况，根据不同环节增值情况，采取相应的战略举措，对需要加强的环节进行强化，对于增值幅度有限或不擅长环节，就可以完善业务外包管理。

（2）通过分析不同价值链组合，了解增长和盈利特点以及对资源的需求状况，为确定专业市场战略定位服务。把市场品牌孵化、展会服务、广告推广、策划咨询作为新的市场增长点。专业市场的价值链定位对决定专业市场的综合竞争力至关重要。

7. 短流程终端——定位方向

从传统流通模式看，供应链过于冗长，从生产商到总代理商、专业市场、经销商等层层分销再到最终的终端消费者，环节众多，跨度过长，造成成本增加，难以满足消费者对商品个性化、多元化、即时化、短程化、稳定化的需求。

专业市场建立短流程终端的实质是连接生产企业与终端用户两个市场，而这两个市场都是刚性的市场，无论商品如何波动，企业总要生产，最终用户总是有需求，所以，专业市场只要把这两个刚性市场连接好，就一定拥有市场。

短流程终端有利于做大市场规模和增强实力，做强市场网络，反过来又可以稳定与企业和消费者的长期合作。

> **策划利剑**
>
> 专业市场可以建立展贸中心、品牌中心、网络中心、配送中心，延伸产业链，提升价值链，在明晰市场定位的同时也增强自身实力。

六、专业市场的运营策略

要做好一个专业市场不是一朝一夕的事情,开发商和营销商需要有扎实的基本功。只有充分了解和把握专业市场的专业性,才能使专业市场进入专业化的开发和运营轨道。具体来说,对专业市场,房地产企业可以采取图15-6所示的运营策略。

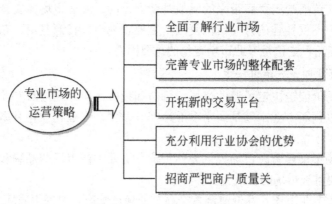

图15-6 专业市场的运营策略

1.全面了解行业市场

要做好一个专业的市场,就必须做到信息上领先,充分了解专业市场的发展前景、市场容量、同类市场竞争等。

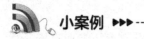

比如,在深圳开发皮革市场,其一要了解深圳皮革产业的基本情况,如产业聚集地以及生产量、原材料和辅料的采购量;其二要了解原材料和辅料的生产区域,引进一手原材料供应商;其三要考虑到与广州等地区皮革采购中心的竞争性,在保证皮革和辅料品种的同时,适度控制市场开发规模;其四,针对皮革企业采购的特征,有的放矢地进行市场经营和推广等。

2.完善专业市场的整体配套

完善的专业市场配套是市场经营的基本保证。一个完整的专业市场不仅涉及仓储、货运代理、分装配送、长短途交通、停车场、展览中心等基本环节,而且还需要银行、酒店、餐饮、行业协会、工商税务、报关、网上交易平台等相关配套服务。这就要求一个好的专业市场必须把物流、仓储、酒店、金融、工商、软件平台等各个方面都做到尽善尽美。为经营者和消费者创造一个良好的商业环境,同时也为项目后期经营管理打下坚实基础。

有的开发商在开发之初没有一个好的商业规划,项目的配套根本无法满足做专业市场的需要。有的项目虽具备下游采购的信息网络,但却缺乏下游采购消费的交通网络,导致开业后大批量的外来商户撤离,市场面临经营严重困难的处境。因此,在建立专业市场时必须做好商业规划,完善商业配套。

3. 开拓新的交易平台

随着专业市场的逐步发展壮大,市场对传统的交易场所和交易方式提出了更高的要求。在继承传统的同时,我们必须开辟新平台,加强市场的网络建设。

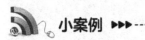

比如义乌小商品城作为中国传统专业市场的领先者,起步较早。但随着义乌小商品专业市场的不断发展壮大,传统意义上的商品交易平台已经难以满足市场发展的需求。电子商务平台建设呼之欲出,正是得益于新型网络电子商务平台的开发,义乌小商品市场的产品足迹几乎已经遍布全球。

4. 充分利用行业协会的优势

行业协会往往是一个行业龙头企业聚集的团体,是该行业市场信息动态的先知先觉者,也是行业内部协调及与政府部门和其他行业沟通交流最重要的桥梁。因此充分利用行业协会的优势,与行业协会进行亲密无间的合作,对于一个专业市场的建设将会起到事半功倍的作用。现在很多专业市场都选择和行业协会强强联手,充分发挥行业协会信息多、渠道广的优势,为市场未来经营提供技术、信息等方面的支持。

5. 招商严把商户质量关

很多专业市场开业火暴,但是好景不长,商户来也匆匆去也匆匆,很快整个市场就形成恶性循环,最后人去楼空。为什么会出现这种虎头蛇尾的现象呢?主要有以下两个原因。

(1)专业市场不比零售市场,大部分市场采购人员有选购产品的专业素质,而且每次的采购量比较大,距离往往也比较远。如果市场商户的经营实力有限,经营品种有限,无法最快速度地满足市场的需求,采购人员会很快改变他们的采购地点。

(2)每个市场都需要一段时间的培养期,没有经营实力的商户在这个时候就会信心动摇或者经受不住市场的考验,这个时候也将给市场经营管理带来比较大的负面影响。因此,房地产企业在招商时,不能为了为凑场而招商。而是要选择那些有经营能力且能应变市场风险的商户。

下面提供一份××品牌服装批发市场策划方案的范例,仅供参考。

范例

××品牌服装批发市场策划方案

一、市场发展目标

1. 战略发展目标

第五代国际批发市场。

2. 项目定位

(1) 业态定位 服装服饰批发、零售、汇展专业市场。

(2) 主题定位 服装、服饰批发、零售。

(3) 经营定位 品牌服装服饰生产加工企业、一级批发商、代理商。

(4) 采购定位 服装服饰批发商、零售商。

(5) 商圈定位 国际批发服装市场。

(6) 商品定位 中高档服装服饰批发市场。

(7) 客户定位 服装各大生产、代理、批发、经销商和中型服装卖场。

(8) 功能定位 集服装交易、展览、展销、会议、餐饮、配送于一体的大型专业市场。

二、市场经营平台的建立

1. 建立市场运营管理服务中心

××品牌服装批发市场想要实现既定目标,在后期的经营管理上根据市场发展目标,必须成立市场运营管理服务中心,对市场进行规范化的商业运营操作。组建实力卓著的商业经营管理队伍,使市场经营达到高度专业化、规范化水平。

2. 市场管理委员会

为解决商户办手续难的问题,市场应该成立管理委员会(由工商、税务、公安、公司高层和有影响的商户组成)。管理委员会一是为商户提供一站式办理手续服务;其二是处理协调市场范围内的各种纠纷。各部门集中在一起同时同地统一办公,一次性解决商户办手续难的问题。让商户可以腾出更多的人力、物力和时间投入到经营当中去。

3. 建立增值平台

市场应该定期邀请业界专家、学者、成功人士,举办各种讲座,包括市场、经营、管理、行业、潮流等专业的培训、学习和交流，让客户在经营管理、市场应对等方面得到不断提高，经营实力长盛不衰。

4. 建立电子信息交流平台、电子商务平台（网络运营中心）

如今进入信息时代，各种形势瞬息万变，各行各业的竞争在很大程度上已经变成了获取信息的竞争。谁最先发现并获取最有价值的信息，那么谁就将掌握制胜的先机。

5. 商务平台——更多商机、更多选择

要定期组织嘉年华购物节、产业联盟峰会、年度服装采购博览会，还要联同政府、本省优质品牌商家参与国内外业务招投标，为商家提供更多的商机。

6. 建立四大功能中心

根据市场的业态规划和发展目标，整个市场应将功能区域化、具体化，使其功能更清晰，更突出定位和业态的优势。

（1）交易展示会议中心。市场的主要功能，包括：商品交易、展览、展销、会议、尾货甩卖、新产品发布等。

（2）客户服务中心。主要对市场的秩序、设备维护、环境提供保障，为客户提供各种咨询、商务服务以及受理各种投诉，为商户提供一个安全、舒适、高效的工作环境。

（3）物流配送中心。主要为市场商户、客户提供交易后的物流配送服务，解除商户的后顾之忧。

（4）网络运营中心。主要为商户和客户提供一个商品发布和信息交流的平台，为商户拓展打造营销通路。

三、运营管理模式

1. 运营模式

只租不售，整体出租，自主经营和联营相结合。

2. 统一营运

统一商业规划、统一招商、统一管理、统一服务监督、统一推广。

3. 经营理念

诚信、实力、高效、安全。

四、市场运营管理

运营管理就是整合市场的硬件和软件资源，使市场的资源在合理的经营下发生利润最大化。

1. 强势公关策略为市场开业造势

（1）开业当日组织省级领导、市级领导到场祝贺并致辞，打造国家级、省级、市级重点工程。

（2）整合中国商业联合会主要资源，包括服装、小商品、鞋业、零售商业、物流、酒店和旅游业等，诚邀中国商业联合会主要领导出席祝贺并致辞。

（3）整合中国市场地产联盟的主要资源，主要包括专业市场、大物流体系资源，诚邀中国市场地产联盟的主要领导出席祝贺致辞。

（4）××服装一级代理品牌公司以及代表道贺，签名支持，作为××商业旺地的成功代表，彰显项目成为旺地的前景。

（5）××服装品牌公司代表道贺，签名支持，作为××品牌服装的代表，树立项目今后兴旺发达的品牌印象。

2. 媒体通路

选择媒体必须掌握有效性和高性价比两个原则。不同层次的目标客户和不同类型的产品，与之匹配的媒体是不相同的，所选媒体必须契合目标客户的定位和产品的特性，这样才能做到"传播路径最短"，并且花最少的钱办成最大的事。根据市场的定位，我们对媒体选择就必须要具备专业性、权威性，并具有我们最需要的传播途径，达到打造××品牌服装批发市场品牌形象的要求。

3. 具体推广措施

措施一：在全区各大百货、超市建立长期联谊关系，定期向服装、鞋业、皮具、床上用品专柜商户派发××品牌服装批发市场专刊。

措施二：举行××品牌服装批发市场采购节，邀请全国零售巨头、连锁企业、各地百货商城、超市经销代理商进场代理、采购产品。

措施三：成立服装采购俱乐部，与各百货商城、零售店主建立联谊关系。

措施四：在市场品牌展示中心定期举行品牌服装展示及新闻发布会。

措施五：与国内知名电视媒体时尚栏目合作，扩大××品牌服装批发市场的影响力，树立××品牌服装批发市场的良好形象。

措施六：和移动公司合作，利用移动的网络优势，向进入××品牌服装批发市场的客人发送相关信息。

五、经营措施

1. 年度新款品牌服装发布会
2. 年度嘉年华采购博览会
3. 统一运营管理
4. 实行电子商务交易
5. 定期组织产业联盟商会
6. 实行商会会员制，提供再培训、再学习的机会

第十六章　旅游酒店项目策划

阅读提示：
产品定位就是要设法建立一种竞争优势，以使酒店在目标市场上吸引更多的顾客。

关键词：
特色文化
协调管理
五层定位法

一、旅游酒店的功能和特点

旅游酒店的基本设施决定了一个酒店的接待能力和条件，酒店设施的标准和数量标准决定了酒店的档次。无论酒店的档次如何，其基本设施应具备以下几个方面的要求。

1. 私人空间功能

不同类型的度假酒店私人空间设计都应该满足住客基本要求，如生理、安全、感情和尊重等，具体要求如表16-1所示。

表16-1　私人空间功能一览表

名称	内容
休息功能	床位、洗澡间、厕所、相关用品
外联与工作功能	电视、电话、写字台、宽带、电脑
接待功能	接待桌椅及空间、独立接待客厅
娱乐休闲功能	泡浴冲浪间、棋牌间、综合娱乐间
安保助理功能	保安间、秘书间、工作间、会议室、暗道

2. 公共空间功能

旅游酒店应该充分利用宽敞的公共空间，开展各种经营活动，一般来说旅游酒店的公共空间功能主要包括表16-2所示几个方面的内容。

表16-2 公共空间功能一览表

名称	内容
餐厅	早餐、宴会厅、茶餐厅、小吃餐饮厅、中西特色餐厅、露天餐饮、烧烤营地
接待功能	专设休息等待厅（免费）、大堂吧、咖啡厅、茶馆
商务与旅行服务	订票、旅行社、传真、长途电话、上网、复印、租车、秘书
会议会展交易活动	会议室、报告厅、展览厅、展览廊道、表演厅、多功能厅
康体休闲	游泳池、戏水乐园、温泉中心、洗浴中心、按摩室、美容美发、健身室、保龄球场、网球场、乒乓球室、羽毛球室、棋牌康乐室、拓展运动基地、小型游乐场
娱乐	酒吧、水吧、夜总会、KTV、电子游戏室、激光射击、室内高尔夫、综合包间、小剧场、音乐厅、放映厅
购物	百货小超市、艺术走廊、工艺商店、名品专卖店

二、旅游酒店的开发策略

我国的旅游酒店目前取得了令人瞩目的进步，但是在激烈的市场竞争中也暴露出了诸多方面的问题，而这些问题正日益成为我国旅游酒店进一步发展的瓶颈阻碍。因此，在旅游酒店开发过程中，采取正确的开发策略有助于旅游酒店在竞争中获得更好的表现。

一般来说，房地产企业可以采取图16-1所示的策略来开发旅游酒店项目。

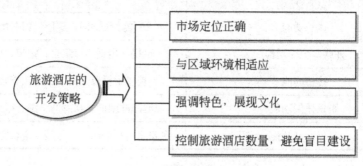

图16-1 旅游酒店的开发策略

1.市场定位正确

市场定位正确与否是旅游酒店成功的关键。市场定位要以市场需求为导向，从客源和自身条件出发，若市场定位出现偏差要及时调整。

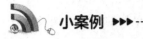
小案例 ▶▶▶

比如，长隆酒店最初是定位在度假休闲市场，但经营一段时间后发现，度假休闲市场只在节假日、周末需求才比较旺，造成平时客房出租率不高的现象。后来调整定位，针对酒店内完善的多功能厅、会议厅的设施，向商务、会议方向倾斜，现在的经营状况良好。

2. 与区域环境相适应

旅游酒店产品具有不可转移性，旅游酒店必须与城市景观、城市文化、城市的经济发展水平相适应。旅游酒店本身就是一个城市的组成部分，旅游酒店形象本身就是城市形象的一部分，酒店的主题过于超前或异类，与城市文化和经济发展水平冲突，不但不会有满意的客源，反而不利于城市旅游形象的推广，也就影响了旅游酒店的经济效益。

3. 强调特色，展现文化

在现代酒店业激烈竞争中，旅游酒店做出自己鲜明的特色，才会有源源不断的客源。特色往往和文化联系在一起，不同的文化造就不同的特色，建设旅游酒店关键就是旅游文化的创造性运用。

旅游酒店要做出特色，必然需要良好的规划和相应的投资。旅游酒店从建设开始就应注重其旅游文化的营造。从设计、建设、装修到经营管理、服务都要注重酒店独特的旅游主题内涵，突出酒店的文化品位，形成酒店的个性，从而在旅游市场上形成独特鲜明的形象。在设计规划方面，最好采用中西合璧，这样既能让我国的旅游酒店吸收到国际上先进的理念，又能根据我国的文化背景和实际情况，充分体现我国的特色。

4. 控制旅游酒店数量，避免盲目建设

我国的商业投资容易出现"跟风"的情况，看到哪个行业哪个项目眼前形势好，就竞相投资建设。前些年大型商场、主题公园的建设，都出现过这种情况，结果短时间内供应能力超过市场需求，很多商场和主题公园只是开业期间火了一把就悄无声息了，还有很多尚未开业就面临严峻的市场形势。例如，杭州"梦幻城堡"的流产为我们提供了最好的借鉴。因此，要避免旅游酒店的盲目建设。

三、旅游酒店的开发管理

在旅游酒店开发建设中，涉及不同的管理主体，涉及众多管理部门，如水利、农林、规划、国土、环保、电力、消防及各村镇行政管理部门等。因此，旅游酒店项目管理单位应该在项目实施的各个阶段做好与以上各单位的外部协调及开发管理工作，以保证工程的顺利推进。

1. 旅游酒店立项阶段

该阶段的工作是，充分调查研究和收集数据，明确酒店开发旅游项目中游客需求、保护需求、盈利需求；测算可利用资源，分析风险并制定风险等级；明确合作伙伴关系和责任，提出组建项目工作组方案；在可行性分析基础上，提出星级酒店开发建设项目建议书。在立项阶段必须重点解决如下几个问题。

（1）建设什么样（模式）的酒店？

（2）什么样的酒店适合当地消费环境？

（3）投资要多少？回报期时间多长？

（4）怎样的设计规划可避免经营面积的浪费？

（5）怎样的设计可避免人力、物力的浪费？

（6）如何合理组建配置筹建团队？

（7）如何降低日后的营运成本及维修成本？

2. 旅游酒店开发准备阶段

（1）旅游建设项目管理外部协调的必要性。在某五星级酒店开发项目建设中，涉及不同的管理主体，涉及众多管理部门，如水利、农林、规划、国土、环保、电力、消防及各村镇行政管理部门等。项目在进行时，受相应行业部门的管理和相应法规的约束。该项目管理单位应该做好与以上各单位的外部协调工作，以保证工程项目的顺利推进。

（2）加强旅游项目风险管理。加强旅游开发项目的风险管理，重视对风险的识别与评估，及时发现客观可能存在的风险隐患，从全局上找出解决对策。

首先，要在对旅游企业存在可能性风险分析的基础上，运用科学的风险管理方法和技术手段，强化对风险的处理和控制，对于可以规避的风险可以从根本上避免风险源。对于一些不可避免的风险可以通过转移的方式，比如为项目投保等来降低损失。同时，旅游企业可以预留一部分的资金用于承担风险费用。

其次，还可通过旅游企业之间的联营以及多元化投资方式来分散风险。例如可以把该酒店项目的娱乐中心外包给另外一家企业经营管理等。

3. 旅游酒店开发实施阶段

（1）沟通管理。旅游酒店项目要按照有关规定委托专业的公共项目管理单位参与该酒店的项目管理工作。根据业主赋予项目管理单位的责、权、利，项目管理单位在进行规划项目合同管理时，要进行三个方面、三个层次（上下、左右、内外）的沟通管理并取得理解和支持。在项目组内部更要信息畅通，加强团队建设，确保工作顺利进行，在规划过程中还要与有关单位进行技术交流和规划设计联络等。

（2）项目进度控制。旅游酒店开发建设项目管理单位根据合同工期、规划编制各工作阶段任务量和三个环节管理要求，共同研究后作出时间安排，主要工作阶段如前期准备阶段、规划编制阶段、评审阶段，完成的时间就是进度控制计划。

（3）项目投资控制。旅游酒店项目应在保护资源、适度开发、可持续发展的原则下进行开发建设规划，避免建设性破坏和破坏性建设。对基础设施规划和专项规划要进行方案比选，做到经济合理，规划指标选取要恰当，估算指标要分析，使其符合实际情况，使项目投资得到有效控制。要对项目进行限额设计及在项目实施过程中的动态管理。

（4）项目质量控制。质量是所有建设项目的生命，是所有建设项目项目管理永恒的主题。在旅游酒店规划的工序控制中，应突出"事先指导、中间检查和成品校审"的三个环节管理原则，按照旅游酒店项目管理程序和旅游规划专业设计程序，切实选准和抓好三个环节的质量控制点。

（5）加强合同管理工作。合同是酒店开发建设项目与各承包商的在项目建设过程的权利与义务的具体体现，作为代建单位的工程负责人和监理工程师应加强在项目建设过程中的合同管理。由于旅游酒店项目建设的合同周期较长，工程变更较大，工程量较大，风险因素较多，因此合同管理至关重要。工程师应充分理解和熟悉合同条款，尽量避免承包商的索赔事件的发生以减少不必要的损失，降低工程投资。

4. 项目收尾阶段

项目的收尾阶段即是旅游酒店的试营业阶段，收尾阶段要根据在项目开发阶段制定的目标和计划进行项目验收。同时还要进行项目的评估，对项目开展的质量进行经济、社会和生态方面的评价。为今后的管理积累数据、技术、理论方面的经验。最后，进行资源清理、文档保存、项目责任移交等工作，项目委托管理单位完成合同履行。

四、旅游酒店的规划设计

旅游酒店设计领域流行"五层定位法"，即对酒店设计成果来说，第一层标准是"能用"，第二层标准是"好看"和"好用"，再上一层就是"耐看"和"耐用"，比耐看和耐用更高的要求是能"赚钱"，酒店设计达到的最高境界就是它本身还要"值钱"。

1. 旅游酒店大堂的设计要求

旅游酒店的大堂是宾客出入酒店的必经之地，给客人以第一印象。酒店的大堂是宾客办理入住与离店手续的场所，是通向客房及酒店其他主要公共空间的交通中心,是整个酒店的枢纽,其设计、布局以及所营造出的独特氛围,将直接影响酒店的形象与其本身功能的发挥。其设计要求如图16-2所示。

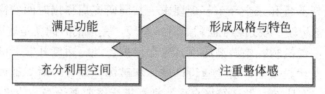

图16-2 大堂的设计要求

(1)满足功能。功能是大堂设计中最基本的层次。大堂设计的目的,就是为了便于各项对客人服务的实用功能。

(2)充分利用空间。旅游酒店大堂的空间,其功能既可作为酒店前厅部各主要机构(如礼宾、行李、接待、问讯、前台收银、商务中心等)的工作场所,又能当成过厅、餐饮、会议及中庭等来使用。这些功能在不同的场所往往为大堂空间的充分利用及其氛围的营造,提供了良好的客观条件。因此,大堂设计时应充分利用空间。

(3)形成风格与特色。大堂作为客人和酒店活动的主要场所,无论功能要求,还是空间关系,比起其他场所来,设计时都要细致得多、复杂得多。如何在大堂设计中做到统一而非单调,丰富而非散乱,应遵循的另一原则就是,力求形成自己的风格与特色。

(4)注重整体感。旅游酒店大堂被分隔的各个空间,应满足各自不同的使用功能。但设计时若只求多样而不求统一,或只注重细部和局部装饰而不注重整体要求,势必会破坏大堂空间的整体效果而显得松散、零乱。所以,大堂设计应遵循多样而有机统一的要求,注重整体感的形成。

2.餐厅设计

旅游酒店中的餐厅一般分为中餐厅、西餐厅、自助餐厅等,餐厅服务内容除正餐外,还增设酒吧、咖啡厅、早茶、晚茶、小吃等。

(1)中餐厅。中餐厅不可缺少的区域为:入口区域、就餐区域(零点区域和包间、VIP)、通道区域、厨房操作区域、自助餐区域等。如何规划设计这些区域,要充分考虑顾客需要。餐厅中最好不要设计排桌式的布局,而是通过各类形式的玻璃、镂花屏风将空间进行组合。这样不仅可以增加了装饰面,而且又能很好地划分区域,给客人留有相对私密的享受美食的空间。

(2)西餐厅。与中餐厅设计原则不同,主要是注意餐具座椅等尺寸的不同。西餐厅的设计风格也与民族习俗相一致,要充分尊重其饮食习惯和就餐环境需求。西餐厅装饰特征总的来说,要富有异域情调,设计语言上要结合近现代西方的装饰流派而灵活运用。西餐厅的家具多采用二人桌、四人桌或长条形多人桌。

（3）自助餐厅。自助餐厅设有自助服务台，集中布置盘碟等餐具，并以从陈列台上选取冷食，再从浅锅和油煎盘中选取热食的次序进行。服务台应避免设计成长排，应在高峰时期能提高工作效率和快速周转。

3. 宴会厅

宴会厅一般由大厅、门厅、衣帽间、贵宾室、音像控制室、家具储藏室、公共化妆间、厨房等构成。宴会厅的主要用途是宴会、会议、婚礼和展示等，其使用特点是会产生短时间大量并集中的人流。因此宴会厅最好有自己单独通往饭店外的出入口。该出入口与饭店住宿客人的出入口分离，并相隔适当的距离。入口区需方便停车，并尽量靠近停车场，避免和酒店的大堂交叉，以免影响大堂日常工作。

4. 多功能厅

多功能厅以其功能的多样性（如：会议厅、视频会议厅、报告厅、学术讨论厅、培训厅等）特别适合我国国情需要，并在这几年的时间得到迅速普及应用。

5. 休闲康乐中心

酒店的康乐中心应该包含健身、健美、更衣、桑拿、棋牌、KTV及游泳等项目，让旅客休息工作两不误。

6. 酒店客房

客房既是酒店最主要的服务项目，又是最重要的收入来源，酒店客房设计与运营十分重要。客房运行成本低，收益回报丰厚，是酒店利润的重要"产地"。相应的，它也应成为酒店设计中的最具有挑战的环节之一。

酒店客房的基本功能是：卧室、办公、通信、休闲、娱乐、洗浴、化妆、卫生间（座便间）、行李存放、衣物存放、会客、私晤、早餐、闲饮、安全等。由于酒店的性质不同，客房的基本功能会有增减。

7. 后馆

（1）货物存储。一个运营中的旅馆几乎整天都有进货、卸货、验收、储存等的工作。管理好货品，以免遗失是一项重要工作。另外卸货平台上方要设有遮雨设施，以免货物被淋湿。

（2）安全防护。职工出入口通常应靠近或紧贴货物收发区，由于偷窃者通常企图从后勤区进入，这样可以将这两个区域同时监控。职工经过打卡后应分成两条流线：一条是厨房工作人员流线；另一条是其他职工流线。以上这些考虑皆以旅客安全为首要目的。

（3）客房服务。现代旅馆一般不设楼层服务台。使客房服务员室和备品库靠近独立的货梯、空调机房布置，有利于分区和管理。消防电梯可兼做货梯使用。

通过加强保安监控和旅客电子锁匙控制电梯的方法来保障旅客安全。

（4）厨房、洗衣房。虽然现在的物资供应使得厨房不再需要像过去那样多的储藏空间，但是厨房设备的推陈出新依然需要有足够的灵活面积。专业厨具公司的流程设计有利于保证厨房设计的整体性、便捷性、安全性和前瞻性。

下面提供一份××大酒店项目策划方案的范例，仅供参考。

范例

××大酒店项目策划方案

一、项目概况

××大酒店建设项目选址于××市新城区，项目用地东临城市中心公园，西靠规划中的商业步行街，北面是规划中的风味食品街，南毗建设中的60米大道，处于新城区的中心位置，交通便利。

该地块属于规划中的旅游接待区。规划用地性质为商业用地。地块规划净用地面积约1万平方米。项目地势中间高四周低，整体呈四方形。项目地块周边交通干道主要有规划中的60米大道、32米大道，北侧是规划中的风味食品一条街，东面是规划中的商业步行街，规划交通条件良好。地块现有附着物主要是自然植被及部分临时建筑物，地质情况较好，比较适宜建立位于城市中心区，现代、时尚，能满足旅游接待、休闲度假、购物娱乐、健身、生态等多项功能为一体的建筑项目。

二、建设规模和内容

1. 建设规模

根据××市旅游发展规划、旅游业发展"十三五"规划和××市片区详细规划，经长期调查，为缓解××市景区节假日旅游接待房源严重不足的问题，本项目总建筑面积拟定为22929.91平方米，设客房（标间）212间，日接待游客能力400人。

2. 建设内容

（1）酒店客房（按标间计）。212间，每标间35.28平方米，合计8122.3平方米。

（2）会议。454.4平方米。

（3）文化娱乐。1153.4平方米。

（4）餐饮。1641.2平方米。

（5）商务（含商场）。453.5平方米。

（6）康体。1447.4平方米。

（7）地下停车库。2020平方米，52个车位。

3. 建筑功能规划

（1）××大酒店为四星级旅游大酒店，是整个××市旅游区的总接待中心和旗舰店，营运功能定位于涉外、会务、商务接待。

（2）含总统套房、高档商务套间、特色套间、行政套间、豪华标间、高档标间、高档单间、残疾人房间等百余间高档客房，具备客房服务、餐饮、会务、商业、娱乐、停车、旅游接待等超四星级酒店的完备功能。酒店日接待能力设计为300～400人次。

（3）商务中心、康乐中心、中西餐饮、健身房、便利超市、高雅茶座等基础配套功能配置。

（4）四星级旅游度假酒店，是××市第一家四星级酒店，将成为该地区规模最大的四星级度假酒店，将有效弥补××市多年来在高端酒店产业方面的缺憾，将有效地提升××市知名旅游城市的品牌魅力和形象，满足对高端客户和金字塔尖消费者的需求。

三、主要建设条件

1. 丰富的旅游资源是四星级酒店建设最可靠的依托

××市旅游度假村经过20多年的开发利用与保护，已经成为国家3A级景区。整个旅游业的发展规模一年一个样，从而推动相应的服务业的巨大需求。特别是以食宿为主的接待条件是旅游地不可缺少的硬件建设。因此，在××市建设一个旅游接待中心，深厚的旅游资源是旅游酒店的最可靠客源保证。

2. 优越的地理位置

拟建的××大酒店选址于××市新城区，毗邻8万平方米城市中央公园，界于景区与老城区之间，交通和地理位置处于枢纽地位，符合区内旅游、区外服务的景区总体规划设想。

3. 新城区基础设施条件能满足项目要求

××市新城区规划起点高，主干道60米宽，次道32米，并大部已建成，城市中心广场的核心形象已显露，周边是以接待为主的旅游项目，如星级酒店、风味食品街、购物步行街、度假村等正在建设中。基础设施水、电、路等场地条件良好，为本项目实施创造了较好条件。

四、项目投入总资金及效益情况

××大酒店所需资金全部由开发企业筹集，项目建成投入运营后，年营业总收入预计×千万元，总成本×千万元，税后利润×百万元，10年收回投资。

五、结论与建议

本项目符合国家城镇建设的相关政策法规，符合《××片区详细规划》精神和本市"十三五"规划旅游业发展的要求，符合建设山水园林生态旅游城市的发展目标，项目的建设，具有一定的经济效益和巨大的社会效益。

本项目属于酒店投资项目，受旅游市场和当地酒店业发展的影响很大，根据对××市景区旅游市场和酒店市场的调研、分析和预测，项目有较好的市场前景，财务分析结果表明，项目及经济效益上可行。本项目区位理想，有较好的发展潜力，适合开发酒店、商业等经营型物业，本项目的开发可以有效解决××市接待能力不足、缺乏高星级酒店接待设施等突出矛盾，促进××市景区旅游业的繁荣和发展。

项目建设是××市旅游支柱产业的组成部分，而旅游业是调整产业结构、扩大内需、促进开放、繁荣经济、扩大就业、增加群众收入和带动精神文明建设的大事。项目开发有明显的社会效益，具有深远意义。成功地组织、实施、开发好本项目，将能为××市社会经济的繁荣，为××市新城区的总体建设，对××市旅游产业、文化事业的进一步发展做出积极的贡献。

第十七章　度假村项目策划

阅读提示：
随着休闲度假时代的来临，独具特色的主题化是度假酒店从众多竞争对手中脱颖而出的关键。

关键词：
个性化需求
主题化风格
资源依托

一、度假村的功能和结构

度假村是为游客在假期提供一个可以放松娱乐、度过闲暇时间的场所，所以度假村内通常设有多项设施以应付客人的需要，度假村要同时满足餐饮、住宿、体育活动、娱乐、购物以及会议等不同的功能要求。为了满足游客多样的需求，度假村设有多种的设施，一般常具备的设施如图17-1所示。

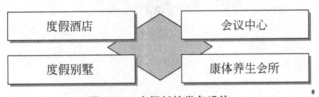

图17-1　度假村的常备设施

1.度假酒店

度假酒店是以接待休闲度假游客为主，为休闲度假游客提供住宿、餐饮、娱乐与游乐等多种服务功能的酒店。与一般城市酒店不同，度假酒店不像城市酒店多位于城市中心位置，大多建在滨海、山野、林地、峡谷、乡村、湖泊、温泉等自然风景区附近，而且分布很广，辐射范围遍及全国各地，向旅游者们传达着不同区域、不同民族丰富多彩的地域文化、历史文化等。

2.度假别墅

度假别墅是度假村住宿功能的主要载体和重要提升，度假别墅的品质是一个度假村好坏的主要体现方式之一。相对于居家别墅，度假别墅在自然景观、空间隔离、私密性、装修布局等方面要求更加严格，在建筑风格上度假别墅更加艺术、更加原生态，室内空间、灰空间和外部的自然搭接是度假别墅常见处理方式。

3.会议中心

现在生活节奏的加快使人们休假也免不了工作的事情,同时为了应对公司团队客户的商务要求,大大小小的会议室是不可缺少的。有的会议中心会与度假酒店结合在一起,有的则单独建设,这就要看度假村的规划和布局,但是一个好的度假村,一定要具备承接大小会议的功能。

4.康体养生会所

随着经济水平的增长和健康意识的提高,人们越来越关注自己的身体,度假养生成了现代人的一个不二选择。因此度假村中康体养生的设施和产品是必不可少,同时将会是有广阔市场的产品。康体养生项目的品质也是衡量一个度假村质量的重要因素。

二、度假村开发设计原则

建造具有吸引力和生命力的度假村,除提供足够的设施之外,其规划还必须符合一定的原则,以满足市场和投资需求,创造有吸引力的形象,使社会经济发展要求与环境保护相协调等。一般适用的原则如图17-2所示。

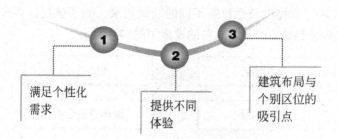

图17-2 度假村开发设计的原则

1.满足个性化需求

满足个性化需求包括细致地划分和引导度假者游览和游玩需求的不同功能区,但这些分区之间常常相互矛盾,在旅游度假产品的规划中要求尽量将这些矛盾融合到一起。

比如,度假的主要目的是为了得到宁静和休息,但同时也有娱乐和运动的需要。这就需要在规划度假产品的同时既要考虑宁静优雅的环境,又要配备部分人流集中聚集的设施;隐私保护也是重要的一环,尤其是在度假别墅区内,但人与人之间的沟通与交流的空间也要预留。

2.提供不同体验

多数旅游度假者都是城市或城镇居民,对他们而言郊游和外出度假就意味着逃离城市环境,远离高密度、拥挤、按部就班的日常生活。旅游度假村可以规划成"反城市",提供相反的新鲜体验。

比如:安静,改变生活节奏和提供放松的机会;接近自然、阳光、海水、雪地、森林、山地;提供人文关怀;由运动和游憩带来的活动的变化与生活圈和工作圈之外的人群交往;发现别的文化和生活方式。

3.建筑布局与个别区位的吸引点

整个度假区中建筑的统一布局将产生大量无吸引力或枯燥的小型空间,因此对建筑在特定分区的集中往往有益于保护景区内最有价值的自然用地。建筑布局应以提供好的景观或对以下方面增加吸引点为出发点。

比如,在主要公共区域如餐馆和酒水吧(产生利润的地方),可以打造生态餐厅吸引客群消费,尤其是在冬季,生态餐厅是度假区客户的主要吸引点;在区位上不好的客房,可以通过对客房内部空间景观的打造达到吸引客户的目的;如果度假区内规划有住宅群,则需要增加单个住宅的独立性,并尽量以度假别墅的形态规划,避免高密度的高层建筑规划。

三、度假村主题化风格

在时代潮流不断演进、建筑规划理念不断深入的市场情形下,度假村在规划设计、管理经营中不仅要考虑人文地理、民俗风情、生态环保等多方面因素,开发出浓郁而独到的主题化风格,更要体现"人本理念",挖掘文化内涵和意境,用个性化的优质服务,来实现人类感情的某种希冀与渴望,真正体现"度假村"的价值。打造度假村主题风格应遵循图17-3所示的原则。

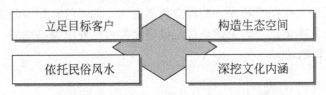

图17-3 打造度假村主题风格应遵循的原则

1.立足目标客户

作为服务行业的一员,度假村的第一要务是满足客户需求,但在个性化突出的现代社会里,要想取悦所有消费者是不可能的,根据自身特点和地域文化优势准确定位目标客户尤为重要,整个主题化风格也应围绕目标客户的需求来营造。现代人在审美观中有"以新奇为美"的潜在意识,凡是自身文化体系中不具备的东西,往往被认为独具美感,因此,抓住这一心理,打造渗透着浓郁特色风情的环境体系,是度假村赖以生存的重点。

2. 依托民俗风水

在当前度假村的建筑、规划和设计中，盲目追求流行、漠视自身文脉、孤立注重理性形式的现象比比皆是，殊不知被忽视的才是真正属于自己、真正应该抓住的东西，那就是民俗和风水文化。民俗是一个地区千百年历史文化的沉淀，而风水则是植根于东方人心中的一种直觉体验。它们赋予度假村一种无法替代、固定属于某个地方的灵性——挖掘民俗和风水，将其巧妙地揉入到酒店的特色风格建设中去，并通过休闲模式、室内外环境、游憩环节的创新设计，可形成和地域文化融为一体的特色主题化氛围。

3. 构造生态空间

回归自然是现代都市人的梦想，而休闲度假村正是实现这一梦想的载体，可以说，从诞生时起，度假村就打上了生态的烙印，随着人们生态、健康意识的增加，这种烙印越来越清晰和主动。从室外的环境，到室内的布局，甚至材料设备的选择，都要遵循生态的原则，构造整体的和谐生态空间，给游客一种回归的感觉和"天人合一"的感悟。在构造生态空间时，应最大限度地利用和发挥周边自然环境的资源优势，实现"天造一半，人造一半"。

4. 深挖文化内涵

中国文化源远流长，其中有太多的元素可以应用到度假村风格中，而度假村也不应只是美食与舒适卧房的简单组合，更应该体现历史和文化的传承。比如诗意和禅意，比如世外桃源，在度假中洗净都市的浮华，浸入古老而幽静的情思，回归内心的宁静与柔和。在诗意中栖居，是每个度假者都难以放弃的情怀。从文化内涵和历史着手，将文化和诗意融入度假村的设计和经营中去，使整个度假村的氛围与淡然的文化韵味和深远的诗意境界融为一体，将时尚的动感与诗意的优雅完美结合、真实体现，这无疑是打造风格度假村过程中最高深的一门功课，也是打造特色风情的功夫。

四、度假村选址因素

和普通酒店不同，度假村以接待度假休闲游客为主，为游客提供多种服务，多建在海滨、山川、湖泊等自然风景区附近，远离市区，交通便利，而且其经营季节性强，对娱乐设施要求较完善，讲究人与自然的融合，注重给予居住者一种度假的心情与情调，达到与现实生活的短暂隔离、和自然风光亲密接触，实现自然、人文与时尚生活的完美结合，呈现度假村独特的风格与个性。旅游度假村的选址必须考虑图17-4所示的两个因素。开发和发展旅游度假村起点是选址。而旅游度假村开发的选址是一项复杂的系统工程，选址的正确与否直接影响旅游度假村开发建设的成败。

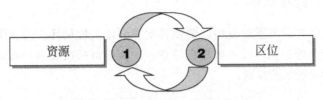

图 17-4　度假村选址需考虑的因素

1. 资源

从度假旅游者的行为规律来看，旅游者选择度假时，会把度假村能提供的度假功能放在首要位置来考虑，其次再考虑到费用开支、度假时间、交通便捷程度等方面。我国旅游者大多数是将观光与度假相结合，因此，旅游度假村在选址上要以较好的观光资源为依托。

对资源来说，度假村选址要综合分析图 17-5 所示四个方面。

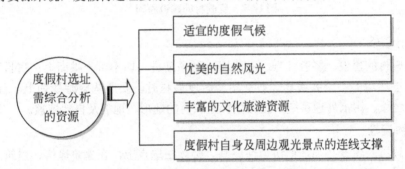

图 17-5　度假村选址需综合分析的资源

2. 区位

由于旅游业具有综合性强、涉及面广的特点，因而旅游度假村区位的影响因素远较其他产业复杂。度假村的区位因素要考虑到图 17-6 所示的四个方面。

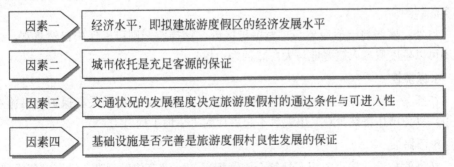

图 17-6　度假村的区位因素

五、度假村的建设原则

在旅游度假村的开发建设中,要使其生态环境良性循环,树立国家旅游度假村独特鲜明的美好形象,且不破坏自然景观,实现可持续发展,旅游度假村的建设应遵循图17-7所示的原则。

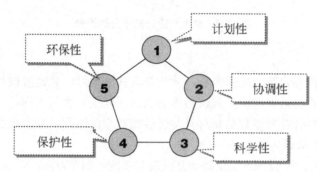

图17-7　度假村的建设原则

1. 计划性

度假村的建设,要有计划、有步骤,循序渐进,切不可一哄而上,盲目开发,造成生态环境的不必要破坏。在新建旅游度假村时,要遵从旅游规划上,首先建设生活垃圾、污水处理系统,注意保护区域内的地形、地貌及自然植被。

2. 协调性

度假村的建设必须贯彻协调性原则。必须在选点上,在建筑风格、建筑式样、建筑规模、环境色彩等方面与周围景观协调一致,相得益彰,甚至画龙点睛,锦上添花。

3. 科学性

度假村的建设要贯彻科学性原则,认真做好可行性分析。建设度假村时,应评估新开发项目潜在的环境、文化、社会和经济影响;应考虑环境的总体承载力和资源制约。

另外,度假村一般应建在自然保护区外,这样,一则可以保护自然景观,二则还可以使度假客人更好地与大自然融为一体。

4. 保护性

在那些不可再生的旅游资源区建设度假村,有关部门应该采取保护性措施和政策,以免破坏自然景观,出现对不起后代的"后悔工程"。

5. 环保性

在度假村设计建设中应选择符合国际标准的,没有放射污染,没有空气污染,可防噪声污染,节能、节水、节电,采用新型能源等绿色环保型的设备及建材。

六、度假村的定位

要实现度假村的定位,必须用完善的经营方案来充实、支撑定位。我国度假村可以从服务内容、功能设计、商业模式、环境设施与服务方式等核心要素来进行定位和规划。度假村的定位是旅游策划的核心步骤,是抓纲的动作,可分为如图17-8所示的四个方面。

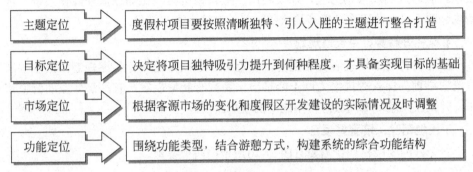

图17-8 度假村定位的内涵

在筹建度假村的初期,对度假村未来的市场定位将决定今后的规模与效益,所以是一个慎之又慎的关键所在。度假村定位的成功必须注意把握图17-9所示的几个要点。

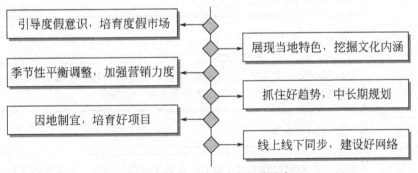

图17-9 度假村成功定位的要点

1. 引导度假意识,培育度假市场

目前,国内旅游者的旅游行为还多数限于浏览观光,大众并没有形成轻松度假的意识。国家有关部门目前也正在转变并完善休假制度,实行带薪休假,积极培育度假旅游市场。因此在度假村开发的同时,可以通过媒体引导大众的度假意识,把这种深度的需求挖掘出来。

2. 展现当地特色,挖掘文化内涵

我国的度假村大多对本度假村的特色和吸引力缺乏准确的定位,忽视对当地

特色资源的利用。而在众多大体同质的度假村中，只有特色鲜明的度假村才能吸引游客。所以在进行度假村定位时，要突出地方的地理、文化、历史、民俗等特色。塑造度假村主题形象，形成特殊、持久的吸引力。

3. 季节性平衡调整，加强营销力度

度假村的淡旺季比较突出，能体现度假村优势和特色的月份为旺季，其余为淡季。应通过加大营销力度，以及利用一些营销策略（比如在淡季降低票价）或者规划的手段（营造多功能多层次的功能）来缩小季节差异。

4. 抓住好趋势，中长期规划

要切实针对市场发展变化趋势，制定适合本项目的中、长期规划。根据旅游者消费心理，深入挖掘潜力，不断推出一系列有新鲜创意、有经济效益的营销策略，开掘新渠道，增加旅游休闲地产的收益。

5. 因地制宜，培育好项目

一个好的度假村项目需要有图17-10所示的四个要素。

要素一 优美的自然环境

没有一个好的自然环境，度假村就立不住。没有优美的自然环境，就需要造出一个好环境来，但是人造的环境总是差一点，所以这就涉及项目的选址问题

要素二 特色的人文环境

要仔细研究，尤其是挖掘当地的文脉和当地的环境，能够达到最佳的融合，真正达到中国传统民居的天人合一的境界

要素三 突出的主题形象

准确定位度假村的主题能够形成或强化度假村特色，增强度假区的竞争优势，满足度假区核心客源市场的休闲度假需求，提升度假区的区际比较优势

要素四 多样化的项目

这也是现在比较成功的项目的共同经验，关键在于怎样对应市场。因为每一个地方的情况不同，如果对应不准，再多样恐怕也不行

图17-10 度假村成功的要素

6. 线上线下同步，建设好网络

要注重发展、应用科技手段，促进旅游事业的发展。运用先进的科技手段，把互联网等引入旅游经营当中，使各个公司网络连接，做到信息通畅、快捷、方便，促进旅游工作效率的提高。一个好网络包括如图17-11所示的三个方面。

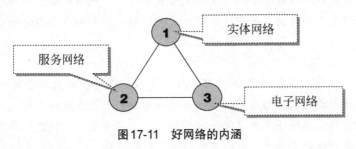

图17-11　好网络的内涵

策划利剑

实体网络、服务网络和电子网络这三个网络结合，建设成一个立体网络体系，对旅游休闲地产的发展来说是至关重要的。

下面提供一份××生态旅游度假村规划方案的范例，仅供参考。

范例

××生态旅游度假村规划方案

一、项目概况

此项目位于××市××乡村，旅游发展已经十多年，柑橘采摘和农家乐已经初具规模，但仍存在旅游配套明显不足，农业产业发展单一、区域发展的带动性差、产品链条短、休闲类产品欠缺等瓶颈问题。在深入调研并与各级领导、当地专家深度沟通后提出了打造"第一山乡，生态画廊"的项目定位，同时提出通过"四大转变"带动乡村旅游升级的战略思路，形成最具"原乡"特色与乡土生活方式的特色生态体验产品，从而解决乡村旅游发展所面临的问题。

二、项目分析

（一）环境分析

本项目地地处××市××乡村山脚下，森林覆盖率达96.8%，被称作"城市边上的原始森林"。拥有5000亩翠绿的竹林，1200多亩柑橘园，被誉为

"果竹之乡"。同时，区内拥有2800亩保护完好的原始森林以及6000多亩的山林地。村落周边拥有××、××、××、××等自然景观，可以通过本项目的打造实现联动。而且地形地貌优势使项目地景观基础较好，山野风光秀丽幽静。生态植被以柑橘林等形态为主，天然植被丰富。良好的自然环境条件是本项目可持续发展的基础，并需通过林相配置、绿化调整和水景打造等手段进行景观打造，进一步完善景区的旅游环境。

（二）资源分析

项目地内有村庄、有果林、有山体、有原始森林，从旅游发展的角度而言，这些资源都为项目的发展提供了坚实的基础，尤其是果林种植是区域内发展的独特优势。通过这些特色资源与休闲农业、创意农业、特色旅游发展相对接，实现在产业链上的延伸，以及旅游度假村的发展。

（三）区位交通分析

项目地距××市中心15公里，距离高速公路出口8公里，地理位置十分优越。本项目地交通与区位上的优势，为项目未来旅游的"可进入性"和"区域联动性"提供了保证。同时，从乡村旅游、度假旅游、自驾游市场的角度，本项目的区域优势也非常的明显。通过对本项目"××原乡"度假品牌的树立和打造，必然会成为当地旅游发展的又一亮点。

三、项目定位

（一）发展定位

（1）整合——整合相关要素资源，实现项目效益最大化、多赢化。

（2）前瞻——前瞻休闲旅游宏观趋势，前瞻度假旅游发展趋势。

（3）创新——基于要素整合和前瞻判断，进行项目的创新创意和运作模式的创新改革。

（二）主题定位

1. 项目名称

××原乡生态旅游度假村。

2. 主题释义

××村是项目的核心区域，通过对项目地的包装打造，将××从一个生态文化新村，升级为生态旅游区，将"××"打造成为一个在全国都具有一定影响力的乡村旅游发展品牌。

（1）原乡。强调一种文化的原汁原味，一种对本土文化的尊重和保留，也为项目打上一种最为深刻的本土标签。

（2）生态旅游。××村是区域内的生态文化村，在项目发展中，要尊重和维护这样的环境基础，达成旅游发展与生态环境的有效互动。

（3）度假。度假是对项目功能的一种定位，项目本身已经超越了一般的农业观光或生态观光景区的功能，朝着一个"吃、住、行、游、购、娱"一体化的、综合型旅游服务区过渡。

（三）形象定位

"××原乡生态旅游度假村"是以××村农村建设及生态观光休闲农业产业发展为前提，以游线整合及周边村落资源联动开发为基础的区域性旅游开发项目。通过景区化、休闲化与产业化理念的提出，为××市第一个以整合乡村旅游资源、普及特色观光休闲农业、提升原乡生态旅游与山乡绿色休闲度假生活方式的复合型、综合性旅游度假村，从而形成以××村为核心，环山联动发展的旅游资源。

（四）目标定位

（1）最具原乡特色和生活品位的山地农庄。
（2）整体打造4A级旅游度假村。
（3）全国"精品乡村旅游"示范区。

（五）功能定位

山乡体验、四季休闲、生态度假、森林养生四大功能。

（六）市场定位

"立足当地，拓展周边，辐射全国"。
一级市场（核心市场）：周边三小时经济圈的休闲市场。
二级市场（拓展市场）：××市周边自驾游市场。
三级市场（机会市场）：全国休闲度假游客市场，以及各类参观访问群体。

四、项目规划

（一）规划结构

根据考察研究，将××原乡生态文化度假村分为四个功能分区，分别是入口服务区、农庄休闲度假村、原乡生态体验区、森林养生游憩区。

（二）游览线路规划

项目中的游览线路规划，主要依照"探村、探险、觅水、寻山"的路线展开。通过这四条线路对项目中各个景点的有效串联，而形成一个完整的旅游区游览线路。

（三）道路交通规划

1. 车行交通规划

以原地块内道路为主骨架，对其进行加宽处理，局部进行调整，主干道红线宽度7米；各分区内部开辟次干道，红线宽度4米和5米。

2.游步道

规划区各主要景点均有游步道连接，采用木栈道、石阶、硬质铺地等形式，路面宽度1～2米。

3.停车场

为满足项目区内外交通的静态停车需求，在保留××村停车场的基础上在入口服务区增加一处停车场为景区服务。

五、项目重点产品设计

（一）入口服务区

1.生态停车场

与项目周边环境相配合，形成具有达成与片区环境相融合的环境，形成片区服务。

2.游客服务中心

游客服务中心设计为一组复合型、多功能的建筑群。

3.原乡商街

一方面满足整个区域游客的旅游商品购物需求，另一方面成为山庄休闲度假村的配套。主要提供具有××特色的旅游商品、旅游纪念品，以及游客必需的生活用品的购买。

（二）农庄休闲度假村

1.五彩生态谷

以植物种植和生态环境的营造为主，形成良好的生态与农业观光的氛围。根据每个片区的不同发展特点，形成五片区域。让"五彩生态谷"真正融合当地的种植和生态特色，使整个农庄休闲度假村达到"四季常绿常花、沿途水流不断、风光移步换景"。五彩生态谷包括：山泉谷、山药谷、山花谷、山茶谷、山竹谷。

2.院落式农庄酒店

莅临入口服务区的位置，设立院落式农庄酒店。以农庄风格为特色，通过增加设计空间，与周边环境协调一致，形成普通客房+独立院落式客房两种客房样式。其中酒店的主体作为整个景区的游客服务中心使用，营造复合型的功能。其他的独立客房散落在酒店主体的周围。

3.山地农庄

以林地和山地为主要背景的接待群。利用区块中的山体优势，形成依山就势、错落有致的山地农庄接待区。是该区域相对私密和高端类型的产品。

4.农家大屋

通过还原农家大屋特色，形成有着多种功能的住宿接待区。整体形成具有农家特色的功能配套，如：农家的厨房、农家的储物间、农家的客厅卧室等，同时根据现代需求融入现代设施的适合全家人或老年群体的度假需求。

5. 乡野农庄

区别于山地农庄以及农家大屋的乡村特色，乡野农庄以简单、明朗的设计为主，满足年轻群体的度假需要。

6. 生态养生会所

会所主要包含：户外游泳池、网球场、篮球场等户外运动场，室内包含SPA康体、器械运动等，作为整个度假村辅助设施，形成该功能区完善的休闲度假配套。

（三）原乡生态体验区

1. 四季果庄

完成单一采摘到四季休闲的转变。适合区域发展的水果有水蜜桃、芙蓉李、日本甜柿、咖啡、百香果等，将种类丰富起来，每个片区都形成特色水果的采摘园。

2. 奇花异草园

以精品花卉种植、珍稀花卉种植为主，形成"精品花园"。

3. 瓜果长廊

本块区域形成一道瓜果的绿色屏障，形成宽4米，长80米左右，用于游客纳凉、观光等，另一方面串联该区域的多个项目，另一方打造该区域的原乡农业生态走廊，在××村周边果林设置以瓜果长廊为形式的科普节点。

4. 高新农业实验区

在区域内形成一个现代温室大棚区域，内部作为温室植物、立体种植、无土栽培展示现代农业成果和体验区。

5. 创意农业工坊

在该发展片区内注入创意农业的理念，通过种植各种异形南瓜、异形葫芦等异形植物，增加农业产品的观赏价值；同时，以片区内的各类果蔬为原材料，形成各类工艺工坊，如水果雕刻、制作果汁、果酱、精油压制等，既形成二产的生产，又可吸引游客亲身体验和参与。

6. 开心农场

对接项目中生态农业观光、深度体验的需求，开辟一个让游客深度体验的空间。通过让游客深度参与到各项活动中来，通过水果种植、采摘、创意农业等活动项目，让游客有深度体验农业生产和种植的机会。

7. 垂钓水空间

利用村落东南方向的区域，形成以垂钓、观赏、滨水休闲为功能的垂钓水空间。同时，可根据实际需求，提供户外的鱼类烹制场所，为游客提供鱼类现场制作。

（四）森林养生游憩区（一部分）

1. 森林茶庄

结合利用周边的独特环境，设立该区域一个重要的休憩节点。从生态开发的角度，建议形成临时性建筑，如敞亮的玻璃房或森林木屋，作为茶庄的主体建筑。

2. 绿野迷宫

利用该区域地形较为复杂的区域，形成一个森林趣味性的游乐项目。即通过对区域内游线的编排和设置、弯曲的路线、茂密的森林，形成"迷宫"的概念，在不同的区域设置不同的标志性节点和景观，在引人入胜的同时，增加趣味性。

3. 森林浴场

利用该区良好的山林环境，开辟天然的森林浴区域，其中包括登山观景、林中逍遥、荫下散步、郊游野餐、森林瑜伽等广泛接触森林环境的健身活动。在林中设置退台式木平台，每块面积在50～100平方米不等，游客可以打拳、练剑、静坐等。

4. 蝴蝶谷

打造以蝴蝶养殖为主的"蝴蝶山庄"、网式蝴蝶园，包括蝴蝶生态观赏园、标本展览馆、蝴蝶繁殖园和以蝶文化商品为主的购物及工艺品制作室等。

5. 鸟语林

放养白、蓝孔雀、丹顶鹦鹉、百灵、画眉、白鹭等鸟类。

六、项目寄语

在××的发展模式方面提出了通过"乡土化提升、景区化开发、品牌化整合及市场化运作"等手法，创立"××原乡"品牌，联动周边村落、景点资源，培育若干特色有机果蔬及养殖基地，打通两条绿色生态走廊，通过"公司+度假景区+特色农业基地+农户"四位一体的经营模式，实现区域乡村旅游升级，同时为××创建全国乡村旅游与休闲农业示范县及旅游目的地提供支持。

第十八章　物流园项目策划

阅读提示：
科学合理地进行物流园区的功能定位，是物流园区规划、建设的首要环节，也是物流园区得以有效运作的前提。

关键词：
选址规划
功能布局
推荐性指标

一、物流园的分类

为了满足不同产品、不同企业、不同流通环境的要求，经过长期的发展在国内外已经出现了多种形式的物流中心。一般可以按照物流服务的地域范围、投资主体和物流功能的不同来对物流园进行分类。如表18-1所示。

表18-1　物流园的分类表

物流园的分类	按照物流服务地域范围的大小分	国际物流园
		区域物流园
		城市物流园
	按照物流园的投资主体分	自用型物流园
		公共型物流园
	按不同功能分	仓储型物流园
		配送型物流园
		流通加工型物流园
		枢纽型物流园
		综合型物流园

二、物流园的特点

物流园不同于单一任务的配送中心，也不同于具有一定专业性的物流中心。物流园具有图18-1所示的特点。

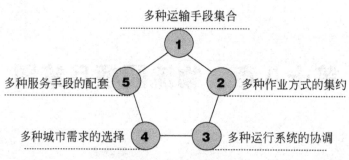

图 18-1 物流园的特点

1. 多种运输手段集合

多种运输手段集合也叫多式联运。国际中转物流园的开发模式定位叫作：以海铁、公铁、海公等多式联运为手段发展国际中转物流。这种多式联运的功能，也就是王之泰教授强调的一体化枢纽。

2. 多种作业方式的集约

除了国际中转物流园，还有国内综合物流园，这个园区的功能定位一般可以称为五位一体，即以市场信息为基础、以产品配送为主业、以现代仓储为配套、以多式联运为手段、以商品交易为依托。这种集约主要体现在多种作业方式的集约上，包括仓储、配送、货物集散、拼箱、包装、加工以及商品的交易和展示，还体现在技术、设备、规模管理等方面。

3. 多种运行系统的协调

运行系统的协调主要反映在对线路和进出量调节上。大规模的物流园，同时也是指挥、管理和信息中心，通过信息的传递和信息的集中，使它具有非常强的指挥功能。

4. 多种城市需求的选择

城市发展的需求有许多，小到菜篮子工程、连锁商业的发展，大到缓解交通压力、理顺城市的功能。从这个角度出发，物流园应该建在中心城市的外围，具体配置在哪里，这要看所服务的极地区域的辐射投向，要看中心城市的发展速度以保证物流园的生命周期。

5. 多种服务手段的配套

作为一个物流园，还应该具备以下的服务性功能，包括：结算功能、需求预测功能、物流系统设计咨询功能、专业教育与培训功能、共同配送功能。

三、物流园选址布局

物流园区是多家物流企业在空间上集中布局的场所，是具有一定规模和综合服务功能的物流集结点。物流园区是城市物流基础设施的重要组成部分,是物流业发展的重要支撑和载体。

1. 布局规划和功能定位的影响因素

城市物流园区布局规划和功能定位主要应考虑图18-2所示的影响因素。

图18-2 布局规划和功能定位的影响因素

(1) 城市总体布局。一方面,物流园区的布局要适应城市布局模式的要求。目前,我国城市的布局主要有集中密集型、一城多点式、带状模式、混合型等几种模式,各种模式对物流园区布局的要求不同,如一城多点式城市布局,规划园区布局是要兼顾主城区和各辅城区的生产生活配送要求。

另一方面,要适应城市布局结构的要求,一般中心城市的主城区服务功能完善,也是城市居民生活的主要区域,应在辐射主城区方位最大的区域布置城市生活配送的物流园区;而我国城市的周边区域主要是工业、高新技术产业和批发业聚集的区域,应在相应的区域布置不同功能的物流园区。

(2) 城市发展规划。一方面是城市空间发展规划的影响,我国的城市化进程已经进入了高速发展的时期,各大中城市均根据城市发展的历史过程和发展条件,制定了城市的空间发展规划,并且许多城市已开始实施建设,作为城市支撑服务体系中重要的组成部分,在物流园区布局规划和功能定位时,不仅要考虑现实的城市布局,更重要的是要适应城市空间发展规划的要求。

另一方面,国民经济发展规划是城市经济发展的纲领性文件,代表着城市国民经济发展的方向和一个阶段发展的重点,对于发展的产业重点,在物流园区布局规划中应加以倾斜。总之,物流园区布局规划要适应城市发展规划,从而使物流园区具有较大的发展空间,并促进城市发展规划的实施。

(3) 物流需求。物流业与其他产业不同,是一个服务性的产业,物流需求是影响物流供给的重要因素,而物流园区为物流供给的执行主体——物流企业提供场所和服务,所以在物流园区布局规划和功能定位时,物流需求是重要的影响因素。例如,在工业企业聚集的区域应考虑布置工业配送物流园区。

(4) 自然条件。我国北方生态条件比较脆弱,而物流园区内有大面积的硬化面积,对自然环境影响较大,在布局规划阶段,应重点考虑自然生态条件,避免对城市水源、植被等自然环境造成不可挽回的破坏。另外还要考虑水文、地质、气候、地形等方面的影响。

（5）交通条件。物流园区布置区域必须具备方便的交通运输条件，最好靠近交通枢纽进行布局，如紧临交通主干道枢纽、铁路编组站或机场，有两种以上运输方式相连接。同时，考虑到公路运输比例较高，园区必须有多个进出口，避免造成交通阻塞，城市配送型物流园区布置区域还要求面向服务对象有两个以上的公路进出口。

（6）其他条件。物流园区区域要有较大的发展空间；用地条件较好，包括：土地价格、搬迁量、土地升值空间等；由于物流园区的建设和发展需要政府的引导和扶持，布局规划时还要考虑行政区划的因素，园区尽量布置在一个行政区域内；其他还有周边环境、物流资源等需要注意的因素。

2. 影响选址的因素

物流园区的选址主要应考虑图18-3所示的影响因素。

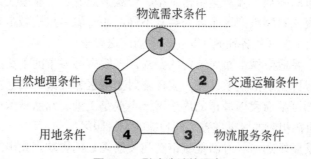

图18-3 影响选址的因素

（1）物流需求条件。物流企业的服务对象决定物流园区的选址。需掌握物流需求的结构、分布的现状，并要预测未来物流需求量增长、分布情况和配送区域的变化。物流需求条件是物流园区选址时应重点考虑的因素。

（2）交通运输条件。明确所选位置现在或将来各种运输方式是否许可。园区内应可实现铁路、公路的有效对接，即设置在公路主干道附近，园区内或附近应有铁路编组站。城市配送物流园区需方便进出市区。

（3）物流服务条件。掌握物流需求对配送方式、到货时间、发送频率、供货时间等方面的要求，确定物流园区的位置和服务范围。

（4）用地条件。由于物流业投资回收期较长，所征用土地的地价、园区内建筑物的搬迁和人员的安置费用、整地的配套费用，以及园区的发展空间等用地条件是物流园区选址考虑的重要因素。

（5）自然地理条件。在物流园区选址时，还应考虑生态、水文、地质、气候、地形等自然条件。在外形上可选长方形，不宜选择狭长或不规则形状。另外，还要考虑城市市政设施、劳动力、环境污染等方面的因素。

> **策划利剑**
>
> 在物流园区选址时，应综合考虑以上各方面因素的影响，选择最能发挥物流园区作用的位置。

3.布局选址和功能定位的原则

物流园区的布局选址和功能定位应遵循图18-4所示的主要原则。

图18-4 布局选址和功能定位的原则

（1）功能最大化原则。物流服务涉及国民经济的各个方面，物流园区的功能要覆盖国民经济的各方面，应根据物流业发展的总体需要使各园区的功能互补，尽量避免功能重复，从而使城市总体物流网络功能最大化。

（2）服务区域最大化原则。各园区的服务均有一定的辐射区域，根据物流时间的不同要求，有效辐射区域不同。区域辐射物流对城市内的各园区来说影响不大，但城市配送体系各园区在规定时间的有效辐射范围差距较大，在布局时应尽量避免标准配送范围的重叠，减少资源的浪费。

（3）发展适应原则。物流园区要与城市布局和结构、城市发展规划、物流需求布局和结构等影响物流业发展的决定性因素相适应。另外，在布局选址时要与生态环境等因素相适应。

（4）园区功能明确原则。在布局选址规划时就要明确各物流园区的功能类型、服务对象、配送商品、辐射区域等总体功能，这样有利于园区的规划和建设符合区域物流的总体要求，更重要的是有利于园区聚集相应的物流企业，使园区的特点突出、功能完善，客户也非常明确从哪个物流园区可获得他所要的物流服务。

（5）交通便利原则。物流的核心功能是运输，为避免对城市交通和城市环境的影响，物流园区应选址在城区的边缘地带。物流园区所在区域必须交通便捷，集疏运通道畅通，能够与公路、铁路方便连接。

（6）需求最近原则。方便需求是一个基本原则，物流园区应布置在物流需求最近区域，有利于保证物流服务的时效性，并降低物流配送费用。

（7）资源整合原则。规划时要充分考虑现有的物流资源状况，发挥物流园区的资源整合作用，既有利于园区的开发，也有利于社会资源的合理配置和利用。

（8）投资经济原则。物流产业是投资回报期较长、具有一定公益性质的产业，园区建设必须考虑土地价格等投资成本因素。规划建设物流园区要预留充足的发展空间。

四、物流园功能结构设计

物流园区主要具有两大功能，即物流组织与管理功能和依托物流服务的经济开发功能。物流园区在功能上，首先是物流的核心内涵所涵盖的物流服务组织与物流运作管理功能，即物流活动所必须具备的存储、运输、装卸、简单流通加工等功能。

1. 物流园功能区规划

从目前物流园区的规划情况看，物流园区中的功能区通常包括仓储中转区、集散配送区、流通加工区、商务办公区、生产服务区、生活服务区等。如图18-5所示。

图18-5 物流园的功能区

2. 物流园区项目布局原则

通常，物流园区项目布局应该遵循图18-6所示的原则。

| 原则一 | 大功能分区组团原则，即将物流园区分成五大区域，并尽量独立组团 |

| 原则二 | 小功能就近原则，即将大功能区内的小功能尽量就近放在一起 |

| 原则三 | 方便业务活动原则，即将有业务配合的项目尽量布局在一起 |

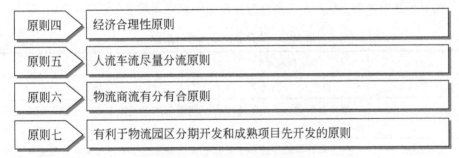

图18-6 物流园项目布局原则

3.物流园空间布局的要求

根据战略规划所设置的业务功能,以及各功能之间的关联度的不同,其空间布局要求亦有所不同,具体如表18-2所示。

表18-2 物流园空间布局的要求

序号	布局要求	具体说明
1	保税物流功能	保税物流的最大特点是要求封闭性,需要设置专用出入口,并进行封闭管理,同时又是物流园区的标志,因此需要设置在显著的地方
2	城市配送功能	城市配送一般要求能保证在规定的时间内商品配送给客户,在空间上应尽量靠近公路交通转换节点
3	冷链物流功能	按储存运输属性分为常温品、低温品和冷冻品,其所涉及的几乎都是与居民生活息息相关的食品类货物,因此应尽可能布置在干扰和污染均较小,同时能够快速装卸和运输的交通便捷的区域
4	大宗物流功能	服务对象为粮食、大宗建材与农资,容易造成环境污染,应尽量远离商务配套区
5	物流配套功能	主要指为入驻园区的物流企业提供服务的综合服务设施,如职能办公大楼、宾馆酒店、商业金融服务等可以在园区集中布局

4.物流园区规划推荐性指标

(1)货运服务型。货运服务型推荐性指标如表18-3所示。

表18-3 货运服务型推荐性指标

指标	指标单位	指标值		
		空港型	海港型	陆港型
园区物流强度	万吨/(平方千米·年)	≥50	≥1000	≥500
交通连接方式	至少有两种以上运输方式存在,可以实现多式联运			
物流信息平台	能为入驻物流企业提供符合海关、检验检疫等监管要求的计算机管理系统			

(2)生产服务型。生产服务型推荐性指标如表18-4所示。

表18-4　生产服务型推荐性指标

指标	指标单位	指标值
园区物流强度	万吨/(平方千米·年)	≥150
交通连接方式	至少有两种以上运输方式存在或毗邻两条及以上高速公路,可实现多式联运	
物流信息平台	能为入驻物流企业和工业园区提供公共信息平台和实时信息交换系统	

(3)商贸服务型。商贸服务型推荐性指标如表18-5所示。

表18-5　商贸服务型推荐性指标

指标	指标单位	指标值
园区物流强度	万吨/(平方千米·年)	≥100
交通连接方式	至少有两种以上运输方式存在或毗邻两条及以上高速公路,可以实现多式联运	
物流信息平台	能为园区内企业提供物流公共信息和在线交易服务	

(4)综合服务型。综合服务型推荐性指标如表18-6所示。

表18-6　综合服务型推荐性指标

指标	指标单位	指标值
园区物流强度	万吨/(平方千米·年)	≥250
交通连接方式	至少有两种以上运输方式存在或毗邻两条及以上高速公路,可实现多式联运	
物流信息平台	能为园区内企业提供物流公共信息和在线交易服务	

下面提供一份××农产品现代物流园项目定位与整体规划方案的范例,仅供参考。

××农产品现代物流园项目定位与整体规划方案

一、项目定位

本项目定位于集农产品贸易、仓储、物流、深加工、现代农业投资、电子商务、农产品期货交易于一体的农产品现代物流园区。它将是国内第一家完整的、专业的农产品整合平台。也是践行国家对"三农"政策的一种创新性诠释。如下图所示：

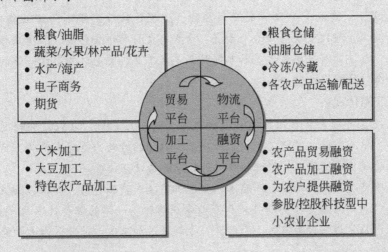

- 粮食/油脂
- 蔬菜/水果/林产品/花卉
- 水产/海产
- 电子商务
- 期货

- 粮食仓储
- 油脂仓储
- 冷冻/冷藏
- 各农产品运输/配送

- 大米加工
- 大豆加工
- 特色农产品加工

- 农产品贸易融资
- 农产品加工融资
- 为农户提供融资
- 参股/控股科技型中小农业企业

二、项目定位的依据

（一）国家政策的大力支持

农业的基础性、脆弱性、战略性决定了其在国民经济中的地位，因此，各级政府十分重视。从地方看，省市两级政府在中央政策的指导下，进一步细化了支农、惠农措施，出台了一系列涉农优惠政策。

（二）关于粮食现代物流的发展规划

粮食物流是现代农业产业化过程的一个难题，粮食现代物流规划提出要"依托现有资源，积极整合，培育一批具有相当规模和竞争能力的粮食物流企业"的发展目标，明确了"改造现有粮食仓储设施；实现散粮机械化运作；发展粮食物流公共信息平台；建设粮食物流中心；培育壮大第三方粮食物流企业；完善粮食批发市场"六大任务。

（三）深化城乡统筹开拓现代农业新局面的意见

《意见》指出，必须更新观念、创新思路，健全促进现代农业发展的体制机制，转变农业发展方式。并努力开拓现代农业新局面，使全市农业增加大幅度提高，特色优势产业形成规模经营，农业综合生产能力和市场竞争力明显加强，农民收入快速增长，把××建设为西部农业特色优势产业集中发展区、农产品加工中心、现代农业物流中心、现代农业科技创新转化中心。

（四）良好的交通优势与粮食物流基础

××市交通发达，拥有航空、公路、铁路、水路"四网合一"的立体交通网络。××市已连续多年跻身全国百强县；列全国县域经济基础竞争力百强县前列；首次跻身"全国最具投资潜力中小城市百强"，并再度被评为"全国中小城市综合实力百强"。

本项目拟建地是××市的交通枢纽，这里已被政府规划为工业集中区、航空物流区、现代商贸区等专业园区，这里有良好的粮食仓储、配送及粮油加工基础，环境具有可扩展性。而本项目正是集工业、贸易、物流于一体的产业园，符合该区域的定位。

三、整体规划

本项目将在××公司现有产业的基础上进行改扩建，可以充分利用其铁路专线、粮油仓储、农产品物流配送网络、熟练的劳动力等现有优势，可以节省大量的项目建设费用，保证项目良好的经济与社会效益。

本项目是一个高标准、高起点的全国首家集农产品贸易、加工、物流、电子商务、农产品期货及高科技现代农业企业孵化于一体的综合性农业产业园，它由农产品贸易区、物流区、仓储区、冷鲜区、加工区、综合区六大功能区域组成。

1. 贸易区（原粮、成品粮、油脂、水果、蔬菜、林产品、水产品、海产品）
2. 物流区（大宗农产品仓储、中转、车位等，提供批零物流服务与市场配送）
3. 仓储区（粮食、油脂、其他农产品）
4. 冷鲜区（冷冻区、保鲜区、肉类、蔬菜、水果，仓储、分选、配送）
5. 加工区（两条优质大米加工线、两条豆油加工线、农产品加工标准厂房）
6. 综合区（办公区、电子商务区、期货交易区、高科技农业孵化园、名特优产品博览馆、生活配套）

第十九章 科技园项目策划

阅读提示：
科技园区的开发，必须从区域的高度进行战略规划，而不是仅限于单一的园区内部。

关键词：
区位选择
功能结构
配套服务

一、科技园的基本特征

科技园建设是指在特定地段内通过项目投资、建筑规划、项目可行性研究与决策分析、施工建设、建成后的招商与物业管理、合资合作管理、企业集群管理等的综合性的经济活动。

1. 功能特征

高科技园（城）通常具有一定的产业主题，在某一产业领域具有突出的竞争力，例如硅谷的IT、筑波的科学研究等。高科技园（城）的发展关键是其创新体系的建立，这个创新体系通常是由园内相互分工又相互关联的生产企业、研究机构和高等教育机构、政府机构、中介机构等构成的区域性组织系统。这个系统支持并产生创新力，提升该园区内的综合竞争力。高等教育、研发、生产企业三者构成科学园（城）的功能核心，这三者间的良性互动与集合关系成为科学城发展的内在动力。

在功能核心外围，生活以及服务功能形成配套功能体系，其中，服务功能包括行政管理、社会服务、市政配套等主要方面；生活功能则包含了居住和商业金融服务等。同时，大量的绿化、四通八达的交通基础设施将三者有机地组织在一起，形成综合性的功能区域。在科技园（城）的实际建设和规划中，由于各地情况不同，功能构成核心要素和配套功能体系可以增加或缺失，高科技园（城）内功能构成可以是网状结构，也可以是链状结构。

2. 类型特征

世界各国各种类别的高科技园区（城）可以归纳为"园、区、带"三种类型，分别对应不同的发展规模和功能结构。具体如图19-1所示。

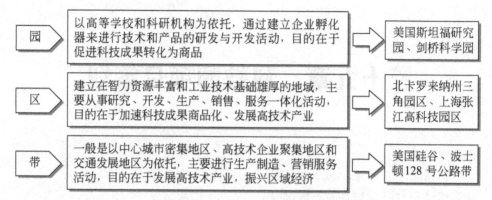

图 19-1　园、区、带类型特征

3. 布局特征

科技园区的布局特征如表 19-1 所示。

表 19-1　科技园区的布局特征

序号	布局特征	具体说明
1	选址	通常位于工业发达与文化发达的大城市郊区，工业历史较好的地区，或自然科学研究水平很高的大学区附近，拥有便利交通，接近空港、高铁等对外联系门户
2	规模	用地规模因其所处发展阶段和各个国家国情不同而呈现出动态变化的特点。自发型高科技园区（城）在初期阶段占地较小，约十到几十公顷，随着园区的不断发展，占地面积可以发展到几百至几千平方千米
3	空间环境	良好生态、自然环境是科学新城选址布局的首要考虑因素，多变的地形更有利于景观环境的塑造。园区内的空间环境规划中大都布置大面积的绿地、大片草地，或依山傍水，顺势形成宜人的空间环境，为创新活动提供良好的环境，丰富的交流空间
4	支撑条件	良好的基础设施，便利的交通系统，高效的通信网络；充足、熟练劳动力资源，完善的人才培养及使用机制；中介、风险投资等相关生产服务业的发展，便利、快捷的生活性服务业；龙头企业的带动作用，加强产业链的培育及延伸等

4. 阶段特征

科学产业园的发展与国家发展阶段密切相关，国家所处发展阶段的不同，会赋予科学产业园不同的发展内涵，一般可以分为图 19-2 所示的四个发展阶段。

图 19-2　高科技园的发展阶段

（1）初期发展阶段。国家的经济实力无法实现高科技园（城）全面发展，园区的选址主要集中在区位、基础设施、人力、科研等优势集中的经济引领地区，随着经济增长对空间、交通、环境带来的负面影响，园区的发展需要更大的空间和更好的环境，在这种情况下的权衡之计就是在城市边缘地区环境较好，而且能更便利地与空港、高速公路相连接的地方发展高科技产业园。

（2）成长发展阶段。随着经济的发展，政府开始致力于调整区域间的发展差异，在经济引领地区高科技产业园的消极因素逐渐受到更多的关注，重新整合各种生产要素，形成稳定的主导产业和具有上、中、下游结构特征的产业链，提供较好的产业支撑与配套条件，在经济引领都市区外围的近郊区扶植内生型研发机构或落户研发型大学，发展真正意义的科技园或者是一些成熟的科技城是这一阶段的主要任务。

（3）成熟发展阶段。当国家的经济成熟时，区域差异逐渐变小，高速公路、现代化铁路、空港等基础设施会广泛地分布在全国经济空间里。高质量的服务会广泛地分布在各地方城市里，这个阶段科学产业园的选址与升级开始从更精确的产业、国家经济地理角度进行考虑，这时也就更容易将科技园提升为地方的科技创新极。

（4）拓展发展阶段。经济成熟国家开始拓展科技产业园的选址和空间发展内涵，在全球范围进行革新移植。将低端制造业通过离岸放到别的国家、地区，但仍将高端研发、高端制造业留在本土。这种现象也称为一种新的科技产业"殖民"，即通过殖民别国廉价的劳动力、原材料，接近消费市场，或在管理、环境保护上的漏洞来减少生产成本，从而将更多的资金投入基于本国的上游创新发展。

二、科技园区的选址

科学园区与传统产业区域有很大不同，对区位因素有比较高的特殊要求。这就要求在科学园区的选址和布局上必须充分考虑到区位因素。

1.选址的区位因素

（1）智力密集程度。智力资源不仅包括个人的才智，更主要的是指智力资源的组织形式，即是否具有一些有组织的具备相当科学知识与专业技能的人才所构成的研究机构或开发部门，如大学、科研院所等，即是否具备高水平的研究和开发能力。

（2）工业基础。开发与创新的智力成果需要向现实生产力转化。因此，科技园区还必须具备相应的生产设施和生产条件。另外，为发挥科技园区对传统产业的改造作用，科技园区往往选择在工业基础较雄厚的城市，专门划定一定的范围，以期利用工业生产的力量实现与高校及科研单位的结合，形成科研、中试、生产一条龙的发展模式。

（3）交通信息条件。科技园区既要进行高新技术的研究开发，出智力成果，也要生产高新技术产品。这就要求具备满足产品生产的交通运输条件。高新技术产业不像传统产业那样消耗大量的原材料，产品也往往体积不大，因而对运输的要求主要是快速便捷，尤以航空和高速公路为理想的运输方式。

（4）基础环境。这里所说的基础环境是指科技园区生产生活环境、政策环境、文化环境等的总称。科技园区应拥有良好的创业环境和可吸引科技人员定居的磁力，以激励科技人员的创造思维和企业家的创业精神。

（5）开发性技术条件。高技术产业不能孤立发展，它不仅要依靠智力来开发，还要与供给高技术产业所需要的设备和材料的上游产业、服务部门相互关联而存在。一般来说，主要包括图19-3所示的几个方面的条件。

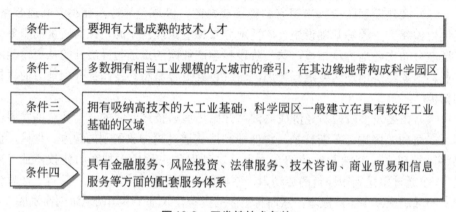

图19-3　开发性技术条件

2.科技园区位的要求

依靠产学研一体化，培育和发展技术创新产业是科技园选址的重要策略。一般来说，高科技园对区位条件的要求可归纳如下。

（1）拥有便利的交通运输与通信设施条件，信息获取及时。

（2）便于与关键人员接触。

（3）以地理位置非常临近的一所以上的名牌大学和科研院所为依托，即接近于R&D中心、科研机构或高等学校，便于获取科技支持。

（4）拥有丰富而低廉的高素质劳动力，以便高科技园创新活动对人才的需求。

（5）与市场或贸易组织临近，便于收集市场信息。

（6）有一片具备必要基础设施的园区场地，且位于区域内环境优美。

3.科技园的区位特征

科技园区的区位具有图19-4所示的主要特征。

图19-4 科技园区的区位特征

（1）集中于科技实力雄厚区域。高新技术产业的发展必须要有雄厚的科技实力和丰富的科技资源为基础，世界上著名高科技园区发展的成功经验表明：没有高水平的领先科技平台，高科技园区的发展将举步维艰。绝大多数高科技园区位于科技实力雄厚、科教文化发达的区域中心城市，有一所或多所高水平研究性综合型大学或科研机构为支撑。

（2）集聚于区域中心城市。世界绝大多数成功的高科技园区集聚于其所在国家地区的经济中心、政治中心、科技文教中心或交通中心。要求所在城市一方面具有雄厚的经济实力和科研实力，另一方面也具有便捷的交通通信设施。从国外的情况来看，美国的硅谷、日本的硅岛等世界著名高科技园区也无不位于拥有便捷交通、通信和良好基础设施的区域中心城市。

三、科技园功能结构规划

科技园的功能结构规划首先是以产业平台构建为核心导向，而不是以用地性质和规模设定为主要目标。园区规划的宗旨是围绕建设一个产业平台或者产业服务平台为核心的，这就要求在规划的初始，就着重分析和判定这些平台构建的实际需求和发展途径。科技园的功能结构组成一般如图19-5所示。

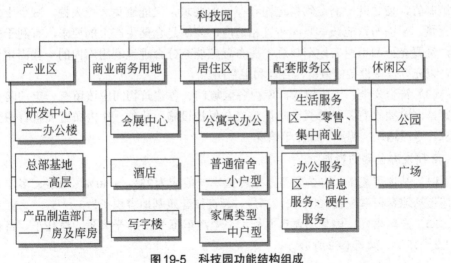

图19-5 科技园功能结构组成

科技园基本建筑模块主要包括如图19-6所示的几个部分。

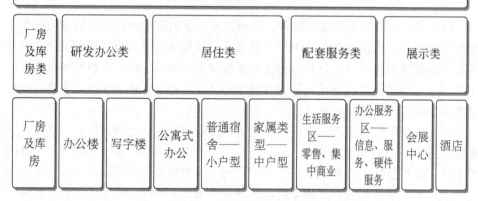

图19-6　科技园基本建筑模块

1. 库房的规划

（1）适应仓储生产的作业流程。库房、货棚、货场等储放场所的数量和比例要与储存物料的数量和保管要求相适应，要保证库内物料流动方向合理、运输距离最短、作业环节和次数最少、仓库面积利用率最高，并能做到运输通畅、方便保管。

（2）有利于提高仓库的经济效率。总体布置时要考虑地形、工程地质条件等，因地制宜，使之既能满足物料运输和存放的要求，又能避免大挖大掘，减少土方工程量。平面布置应该与竖向布置相适应，既满足仓储生产上的要求，有利于排水，又要充分利用原有地形。总平面布置应能充分合理地利用库内的一些固定设备，以充分发挥设备的效能，合理利用空间。

（3）符合安全、卫生要求。库内各区域间、各建筑物间应该留有一定的防火间距，同时要设有各种防火、防盗等安全保护设施。此外，库内布置要符合卫生要求，考虑通风、照明、绿化等情况。

2. 研发办公楼的规划

（1）基地覆盖率。办公建筑基地覆盖率一般应为25%～40%，低层、多层办公建筑基地容积率一般为1～2，高层、超高层建筑基地容积率为3～5。

（2）停车指标。停车场建筑面积，小型汽车每车位25平方米，摩托车、自行车1.2平方米。如表19-2所示。

表 19-2　停车指标

项目	停车车位（车位/100 平方米建筑面积）	
	机动车	自行车
一类	0.40	0.40
二类	0.25	2.00

注：机动车停车场车位指标，以小型汽车为计算当量。设计时，应将其他类型车辆按表中所列换算系数换算成当量车型，以当量车型核算车位总指标。

（3）多层办公楼体型控制指标。多层办公楼体型控制指标如图 19-7 所示。

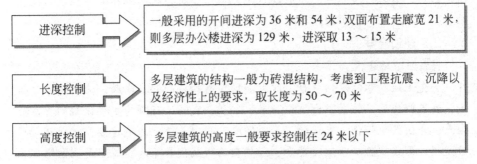

图 19-7　多层办公楼体型控制指标

3.配套服务类的规划

安排社会性专业化科研服务设施、会议旅馆和居住及配套服务设施。主要包括政府职能性机构和非政府职能性机构、技术咨询和中介服务机构、信息集成服务机构、创新人才服务机构、金融类服务机构、公共性市场中介服务机构和综合性公益类事业单位等。

下面提供一份××农场科技园建设发展规划方案的范例，仅供参考。

××农场科技园建设发展规划方案

××农场科技园区主要发展方向是大力发展农业产业、巩固资源产业、努力扩展第三产业。提高园区活力、吸引力和竞争力，争创××一流科技园区。切实加强农业基础建设，大力推进农业科技进步。积极构建现代农业和社会化服务体系，加快体制机制创新。逐步实现集试验、示范、辐射、带动、旅游观光于一体的现代化农业园区。

一、总体规划、设计目标

按照××科技园区的发展定位及建设标准，围绕良种产业、绿色无公害设施园艺产业、农业高新技术产业、科技服务产业，重点发展建设以农业新品种、新技术引进、消化、吸收的农业产业；巩固以花卉、展示瓜廊、智能日光温室、塑料大棚等现代化农业设施为主的资源产业；大力发展集辐射带动、旅游观光的现代化生态旅游产业。利用三年时间实行超越式发展。建设棚菜基地一个，其中温室10栋、蔬菜大棚70栋。完成园区内主干道路的路面硬化建设及绿化瓜廊展示的覆盖程度，以资源可持续利用和农业生态良性循环作为主要示范内容，着力打造亮点。发展现代观光农业，把传统农业精华和现代科技相结合，合理组装，发挥园区系统整合功能的先锋带动作用。

二、建设方案

1. 农业基础建设

首先土地面积的规划整合。扩大园区现有耕地面积，向西、北扩建部分耕地，发展以优质马铃薯、大豆、玉米、水稻、蔬菜、花卉为主要设施的种植业生产，为园区现代化大农业做好基础保障。其次是蔬菜基地建设，扩大蔬菜栽培规模，形成试验、示范、带动、经济型的蔬菜生产基地。最后是园区绿化美化，打造一个环境优美的现代农业生产与观光一体，景观形象与生产功能相协调，代表和展示现代都市农业风貌的样板区。

2. 设施基础建设

今年完成园区内主干道的水泥路面铺设工程及步道板的铺设和园区完成扩建后的四周铁护栏建设。最后在原有瓜廊建设的基础上向北扩建瓜廊的覆盖面积，在园区现有面积上建设围绕主干道的十字形瓜廊，集试验示范、展示带动、旅游观光为主要目的，重点发展新、奇、优、特的蔬菜、瓜果等品种。

3. 专业人才的引用

随着园区的不断发展与壮大，缺少专业性的科技人员，例如园艺专业、生物育种专业、水果蔬菜栽培专业等。加强内引、外联的发展，与职业院校、科研等单位建立良好的合作互助联系，搞好项目引进。积极做好外联工作，与企业合作，如农资用品，达成互惠互利，通过园区实验等方式促进该企业产品在市场的消费。

三、意义与影响

1. 发展农业高新技术，促进产业化需要引导示范

植物新品种的选育、病虫害与疫病综合防治、农产品加工及综合利用等对农业发展有重大影响的关键技术领域取得重大突破后，需要加强农业高新技术

试验示范，加快研究成果的中试、熟化和转化。大力发展农业科技产业，建园设区进行引导示范是必要的。

2.改善农业生态环境需要引导与示范

随着场区人口增加和城市化、工业化水平的提高，若不采取重大措施，农业资源、生态问题还将进一步加剧。可持续发展已作为我场社会经济发展的基本战略，走可持续发展之路是我场农业发展的必然选择。

3.提高职工科技素质，加速农业科技成果转化需要引导与示范

我场农业科技成果转化率仅为40%~50%，转化成果的普及率也仅有60%左右，而发达国家的成果转化率达到80%左右，造成这一差距的重要原因之一就是科技素质低。通过建立农业科技园区，可以为职工的培训提供一个基地，在职工科技素质提高的同时架起一座与农业科技相通的桥梁。

四、发展方向

根据××新阶段农业发展的需求，继续提高农业综合生产能力，以农业增效、职工增收、生态改善等为目标，建成代表同类型生态条件的综合性农业科技园区。使园区具备以下五大功能。

1.优质农产品的生产基地

以市场需求为导向，以技术开发为手段，调整产品结构，规范农产品标准，全面提高农产品质量，推进农产品的标准化、优质化。农产品优质率高于80%。

2.高新技术企业的孵化基地

通过对高新技术的引进、集成、辐射、带动、推广，孵化一批现代农业科技企业，以加速农业科技成果的转化，从而带动场区农业科技推广和应用，提高科技在农业增长中的贡献率。科技进步贡献率达到65%以上，科技成果转化率提高到65%。

3.现代化农业的示范基地

成为展示现代企业、现代农业、现代职工的窗口，让职工和干部切身感受到现代农业的先进技术、管理经验和文明等文化与社会保障条件。资源利用率逐步提高，农田灌溉率达到90%，农田灌、排标准达到稳产高产田一级标准；化肥有效利用率达到60%；农业综合机械化率达到98%。

4.新时代人才的培训基地

成为培养现代化农业管理者、现代化农业生产者的基地，加速职工知识化进程。

5.农业信息化的传输中心

成为农业信息化的助力器，汇集、加工、传播农业市场信息、农业科技信

息及其他相关的有益信息，加速农业和农村信息化进程。搭建高效适用和与国际接轨的信息平台，建成农业专家咨询系统平台，开通农业专家热线电话。

　　××农场科技园区充分发挥地缘优势、人文资源、现代农业和绿色生态等优势，整合特色资源，拓展农业功能。加快生态观光区、现代农业观光区、休闲度假区、果蔬采摘区、科普教育区和外景拍摄区建设，加强示范带动，推进现代化农业建设，发展辐射带动区，进一步加强科技示范。

第二十章　工业园项目策划

阅读提示：
工业园项目不同于普通住宅项目，从其开发模式到产业定位都是一个全新的研究项目。

关键词：
开发模式
规划原则
选址要素

一、工业园的类型特征

1. 工业园的分类

工业园区的类型多种多样，其中包括免税区、出口加工区、自由贸易区、企业区、保税区、工业园区（包括生态工业园区）、工业村、工业团地、科学园区、技术园区、研究园区、技术城等各种形态。这里按照产业集聚程度，将工业园区大致分为图20-1所示的三种类型。

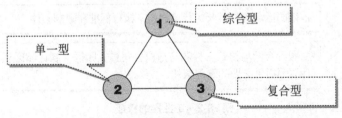

图20-1　工业园的类型

（1）综合型。综合型工业园区产业门类较多，该类型的典型代表为新加坡裕廊工业园。

裕廊工业园位于新加坡岛西南部的海滨地带，距市区10多公里。20世纪60年代开始由新加坡政府创办，园区规划面积64.8平方公里。根据产业性质的不同，分三个梯度布置：东北部离城区较近处规划为新兴工业和无污染工业区，重点发展电子、电器及技术密集型产业；中部为轻工业和一般工业区；沿海相对独立的西南部规划为港口和重工业区。

（2）单一型。单一型产业区产业门类比较单一，该类型的典型代表为始建于1980年的我国台湾新竹科学工业园。

新竹科学工业园现有开发面积6.32平方公里。新竹科学工业园目前已成为世界最大的笔记本电脑和PC机部件生产基地,多项产品的市场占有率居全球第一。半导体和集成电路的生产能力与美国、日本三足鼎立,已经形成上、中、下游完整的产业链体系,成为全球最大的电子信息制造中心之一。

(3) 复合型。复合型产业区产业功能比较多样,较好地解决了职住平衡问题,该类型的典型代表为位于苏州市东郊的苏州工业园。

苏州工业园是中国和新加坡两国政府合作投资的项目,园区规划面积250平方公里,其中合作成片开发的规划区域为70平方公里。园区基本形成了以微电子及通信、精密机械、生物制药为主导的高新技术产业群。苏州工业园正从国内较具竞争力的开发区向国际较具竞争力的开发区迈进。

2.工业园的特征

工业园区是在一大片的土地上聚集若干工业企业的区域。它具有图20-2所示的特征。

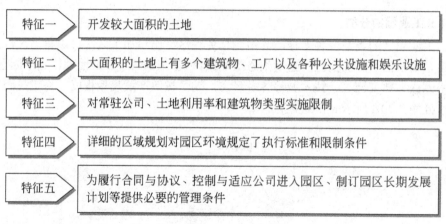

图20-2 工业园的特征

3.国内工业园的发展特点

目前,我国各种类型的加工产业园区、高新工业园区更是发展迅猛,且呈现出形式多样、功能综合、发展加速的发展趋势。我国现阶段国内的工业园具有图20-3所示的发展特点。

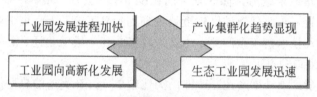

图20-3 国内工业园的发展特点

（1）工业园发展进程加快。目前，政府纷纷鼓励当地企业"进区入园"，以促进产业集群的发展。这使得工业园在经济发展中的重要载体作用得到了加强，也使工业园在出口和利用外资方面的集聚效应日益显著。

（2）工业园向高新化发展。我国工业园经过30多年的发展，随着国际、国内经济环境和政策的变化，工业园内部也开始着重产业结构的调整和升级。新时期，国家为了引导工业园科学发展，又提出了"三为主、二致力、一促进"的发展方针，即以提高吸收外资质量为主，以发展现代制造业、以优化出口结构为主，致力于发展高新技术产业，致力于发展高附加值服务业，促进国家经济技术开发区向多功能综合性产业区发展。

（3）产业集群化趋势显现。产业集群是工业园发展的高级阶段，我国大多数工业园目前还处于初级阶段，即产业和要素在地理空间上的集聚，园区内的企业之间缺乏有机的联系。然而近几年，国内一些工业园已经开始出现产业集群化的发展趋势。如北京、天津等地工业园的电子信息产业，长春等地开发区内的汽车产业，都在向产业链和产业集群的方向发展。

（4）生态工业园发展迅速。目前，节能减排、科学发展的观念在工业园的建设中已经得到了充分的重视，我国许多地区也都提出了建设生态型工业园的计划与设想。在科学发展观的指导下，开发建设生态环保、资源节约型的企业和园区，将成为今后我国工业园发展的趋势。

二、工业园的开发模式

1. 按开发主体分类的模式

根据国内外工业地产开发建设的经验，工业地产开发常见的四种模式主要有政府主导开发模式、主体企业引导模式、工业地产商模式和综合运作模式。具体如表20-1所示。

表20-1 按开发主体分类的开发模式

序号	开发模式	具体说明
1	政府主导开发模式	此类工业园开发都是在政府主导的前提下进行，通过创造相关产业政策支持、税收优惠等条件营造园区与其他工业地产项目所具备的独特优势，然后通过招商引资、土地出让等方式引进符合相关条件的工业发展项目
2	主体企业引导模式	在某个产业领域具有强大综合实力的企业，通过获取大量的工业土地，以营建一个相对独立的工业园区；在自身企业入驻且占主导的前提下，通过土地出让、项目租售等方式引进其他同类企业的聚集，实现整个产业链的打造及完善

续表

序号	开发模式	具体说明
3	工业地产商模式	房地产开发企业在工业园区内或其他地方获取工业土地项目后,再进行项目的道路、绿化,乃至厂房、仓库、研发等房产项目的营建,然后以租赁、转让或合资、合作经营的方式进行项目相关设施的经营、管理,最后获取合理的地产开发利润
4	综合运作开发模式	由于工业地产项目一般具有较大的建设规模和涉及经营范围较广的特点,既要求在土地、税收等政策上的有力支持,也需要在投资方面能跟上开发建设的步伐,还要求具备工业项目的经营运作能力的保证。因此,可以对以上各种开发模式采取综合使用

2.按功能定位的模式

科技园和工业园区的开发模式可以分为表20-2所示的四种。

表20-2　按功能定位的开发模式

序号	开发模式	具体说明
1	创新基地型模式	这种模式园区的主要功能是组织和技术的创新,并不断输出新技术、新产品和高端人才。这种园区一般位于知识型中心城市,靠近最好的大学和研究所。有最完备的信息基础设施和有最优秀的科技人才,也是风险资本最活跃的地方
2	产业基地型模式	这种模式园区的功能以聚集优势企业、生产高新技术产品为主。园区内集聚了大量的全国性公司和一定数量的国际性公司。园区的特色产业在国内乃至世界有影响。企业国际化意识较强,具有一定的研发能力
3	区域经济辐射型模式	这种园区的主要功能是不仅带动中心城市自身的快速发展,而且辐射到一定的区域并带动整个区域经济的快速发展。这类园区一般位于区域经济中心城市。区内企业以中小企业为主,不仅聚集大批生产型企业,而且还集聚了大批技工贸型和服务型企业
4	几种模式的综合体	世界有些高科技园区既是创新基地,又是产业基地,还是区域经济发展中心,比如美国的硅谷、波士顿的128公路技术带、北卡三角研究园就是这种模式

三、工业园的规划原则

在园区规划方面,作为工业发展的一种有效手段,工业园区在降低基础设施成本、刺激地区经济发展、向社区提供各种效益的同时,也给人类的生存环境带来了巨大的威胁。工业园的规划原则如图20-4所示。

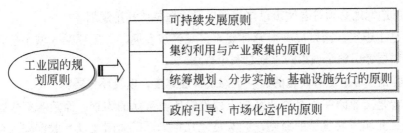

图20-4　工业园的规划原则

1. 可持续发展原则

工业园区的规划既要立足当前，着眼长远，远近结合，又要充分考虑资源和环境的承载能力，合理确定产业项目及用地布局。

2. 集约利用与产业聚集的原则

围绕主导产品发展一系列相关生产和服务，使资源得到有效利用，形成产业链和特色产业。

3. 统筹规划、分步实施、基础设施先行的原则

园区的开发建设与城市总体规划、土地利用规划相结合，实行统一规划、分步实施、滚动发展原则，成熟一片、开发一片，逐步做大做强工业园区，园区水电路等基础设施先行配套建设。

4. 政府引导、市场化运作的原则

园区实行政府引导与市场化运作结合起来。采取以园招商、以项目招商、以商建园、以商兴园的市场化运作模式。充分发挥市场主体作用，组建园区开发管委会，园区开发投资公司、担保公司三位一体的园区管理机制，对园区项目实行一站式服务，降低入园成本。

四、工业园区的选址

工业园区的选址要素如图20-5所示。

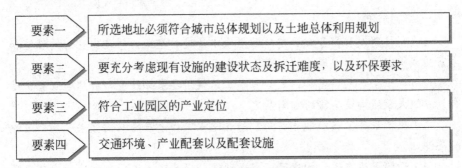

图20-5　工业园区的选址要素

1. 所选地址必须符合城市总体规划以及土地总体利用规划

这是由于工业园发展一般都体现着区域经济发展，必须要融入城市总体规划中，还需要考虑整个城市的土地总利用规划。

2. 要充分考虑现有设施的建设状态及拆迁难度，以及环保要求

前者是工业园在原有物业基础上建设时所要考虑的因素，而后者则包括在空地上建工业园所要遵循的原则，尤其是近几年来，工业园建设一般都要过得了环保这一关。

3. 符合工业园区的产业定位

比如高科技还是医药业、食品加工业等。这主要是说工业园选址要结合地方资源禀赋来考虑，这样既能实现就近原材料的目的，又有利于特色产业的发展。

4. 交通环境、产业配套以及配套设施

评价一个工业园区是否成熟的标准如图20-6所示。

标准一　最重要是看产业聚集度，即产业链的成熟度及相关上下游企业的聚集度

标准二　交通配套

标准三　商业生活配套，工作生活环境的优美及便利

图20-6　评价一个工业园区是否成熟的标准

下面提供一份××工业园规划方案的范例，仅供参考。

××工业园规划方案

一、规划构思

（1）科技研发和商务办公建筑注重城市景观的塑造，创造出良好的环境和丰富的城市空间，形成优美的城市轮廓线。

（2）电子生产及精密加工充分考虑工艺使用要求并注重与自然地形有机结合，庭院式设计构成丰富的空间层次。

（3）生活服务区相对独立安静，为在这里工作生活的人们提供安静、方便的条件。

（4）理顺周边交通，构建绿色交通网络，提升可达性。注重地块内部交通

流线组织及周边区域的交通联系。

（5）规划合理开发时序，以道路建设、基础设施建设先导，各功能区可独立施工建设，循序渐进。注重节约资源和保护环境，推进和谐社会建设。

二、规划布局

由于城市次干道××道的穿越，地块被分割成南、北两部分。依照园区使用要求，首先对园区功能分区进行规划布局。整个园区由科研办公及商务区、电子生产及精密加工制造区、生活服务区三个功能区组成，依据现状地形条件和各功能区对内、外联系及动静的要求安排在适当的位置。各分区之间既相对独立又相互联系，构成一个完整的有机体。

1.科研办公及商贸区

根据使用功能的要求，把作为园区核心，也是人群活动较频繁的商业科研办公区安排在距××路较近的地块东侧，使人出行方便，另外规划设计具有现代雕塑感的商贸科研建筑，建筑采用局部架空、围合等形式，创造出良好的景观环境和丰富的城市空间，科研办公与商贸两组建筑围合成商务绿化广场，建筑空间与绿化空间相互渗透，并作为科研及商务办公人员休息、活动和交流的场所。

2.电子生产及精密加工制造区

建筑形态采用U字形的平面组合，形成四个半开敞的庭院空间，通过有序的规划和精心的组织用电子绿化广场将四座建筑有机地组织起来，庭院空间与绿化广场空间相互渗透，与商务绿化广场形成一条景观轴线，同时又能与园区内其他各分区建立密切的联系。每组建筑又有自己的庭院空间，通过底层局部架空和落地门窗的设计，使广场、庭院、建筑三个不同层次的空间相互流动，加之建筑、广场、绿地、树木、城市绿化带相互交映构成美丽的园区景园。

3.生活服务区

考虑到园区发展的需要，将生活服务区设置在相对独立的××道北侧，结合现状地形情况，规划六栋多层、高层建筑，生活服务建筑的首层作园区管理办公，或架空作停车使用。六栋建筑围合出一休闲绿化广场，通过视线走廊与商务绿化广场遥相呼应，形成园区的第二条景观轴线。

三、空间序列和绿化景观环境设计

空间设计和景观组织从"有机整体性"的原则出发，以科研办公及商贸区入口为起点，商务广场为前导，两条景观轴为主线贯穿园区。

沿道路或景观轴线两侧规划布置建筑群体和绿化场所，建筑之间围合院落空间，形成多层次递进、丰富而有趣的空间，使人感受到一种有秩序的、连续的景观，保证了整个园区统一有序的秩序。建筑群、庭院、道路、绿化广场等把整个园区分割或围合成不同的空间,这些空间为园区提供了室外活动、信息交流的场所,也构成园区风貌景观。

通过园区的合理布局和空间序列的组织来展现连续的景观,道路连接的多个广场空间可以形成系列景区。在园区中的广场空间中,通过公共艺术廊、喷泉、庭院、休闲广场等多空间、多层次的设计形成系列景观,各个广场的主题与使用功能相结合,达到相得益彰的效果。

四、交通组织

交通组织充分体现以人为本的思想,为了保障园区内的安静,园区内尽量避免机动车穿行,园区机动车出入口分别设在××道、××道和××路上,为保证园区整体环境和出行方便,沿园外围规划车行路,地下停车库和地面停车场与车行路相连接。园区内形成步行的道路系统,达到内外分开,人车分流。

五、节能、环保与智能化

(1)使用太阳能热水器等,实施自然资源利用。

(2)建筑建设采用节能设施,玻璃墙体采用保温隔热系数高的材料,并严格按照国家规范和有关技术标准设计。

(3)提供国际互联网络、移动电信、智能安全系统、有线电视、数据卫星接收系统等所必需的基础通信设施。

(4)建设中水处理设施。

(5)垃圾采用袋装化、分类回收方式。

(6)规划地块的规划设计注重节约能源、保护生态环境,为在这里工作的人们营造更为便利的条件和优美的环境。

六、主要经济技术指标(见下表)

用地构成表

项目	数量/万平方米	百分比/%
规划总用地	14.61	
一、规划可用地	11.36	
工业用地	11.36	100
科技研发区用地	2.25	19.8
电子生产及精密加工制造区用地	4.02	35.4
办公商务区用地	1.05	9.2
生活服务区用地	1.46	12.9

续表

项目	数量/万平方米	百分比/%
道路用地	1.20	10.6
公用绿地	1.38	12.1
二、其他用地	3.25	
1.城市绿化带用地	1.44	
2.城市道路用地	1.59	
3.市政设施用地	0.22	

注：市政设施用地为供热站。

经济技术指标

项目	单位	数量	百分比/%	备注
总建筑面积	万平方米	27.27	100	
1.科技研发建筑	万平方米	6.82	25.0	
2.电子生产及精密加工制造建筑	万平方米	9.04	33.1	
3.办公商务建筑	万平方米	6.59	24.2	
4.生活服务建筑	万平方米	4.82	17.7	
容积率		2.4		
建筑密度	%	30		
绿地率	%	30		
科研建筑机动车停车位	个	546		0.8辆/100平方米
办公商务机动车停车位	个	904		1.0辆/100平方米

注：总建筑面积中不含地下车库及人防面积，面积49000平方米。